本书系教育部中外语言交流合作中心 2020 年度国际中
目、国际中文教育研究重点项目《国际语言文化推广机构影响力比较研究》
(批准号：20YH06B)、辽宁省教育厅 2019 年度科学研究经费项目"歌德学院本
土化发展模式对辽宁高校孔子学院建设的启示研究"（项目编号：WJC201928）
阶段性研究成果

世界主要语言传播机构

办学状况比较研究

刘晶晶 著

长春出版社

国家一级出版社

全国百佳图书出版单位

图书在版编目（CIP）数据

世界主要语言传播机构办学状况比较研究 / 刘晶晶
著. —长春：长春出版社，2021.12
ISBN 978-7-5445-6490-8

Ⅰ.①世… Ⅱ.①刘… Ⅲ.①语言学–传播学–教育
组织机构–对比研究–世界 Ⅳ.①H0–05②G513.1

中国版本图书馆 CIP 数据核字(2021)第 232951 号

世界主要语言传播机构办学状况比较研究

著　　者	刘晶晶
责任编辑	孙振波
封面设计	宁荣刚

出版发行　**長春出版社**　　　　　　总编室电话：0431-88563443
　　　　编辑室电话：0431-88561184　　发行部电话：0431-88561180

地　　址：吉林省长春市长春大街 309 号
邮　　编：130041
网　　址：www.cccbs.net
制　　版：荣辉图文
印　　刷：三河市华东印刷有限公司
经　　销：新华书店

开　　本：710 毫米×1000 毫米　1/16
字　　数：138 千字
印　　张：9.25
版　　次：2021 年 12 月第 1 版
印　　次：2021 年 12 月第 1 次印刷
定　　价：48.00 元

前　言

　　世界主要语言传播机构在语言传播与国际人文交流中发挥着重要作用。歌德学院、法语联盟、塞万提斯学院、英国文化协会、卡蒙斯学院、日本国际交流基金会、世宗学堂等世界主要语言传播机构在很多国家均有较为广阔的市场和广泛的影响力，具有"民办官助"非营利性特点。其中，法语联盟已有一百多年的历史，卡蒙斯学院、英国文化协会、歌德学院等也有六七十年历史，这些语言传播机构多年来积累了丰富的海外办学经验，在语言国际传播历程、规模、范围及发展方略等方面都能够为孔子学院的发展提供有益参考。

　　本书以孔子学院、歌德学院、法语联盟、英国文化协会、卡蒙斯学院、塞万提斯学院、日本国际交流基金会、世宗学堂等世界主要语言传播机构年度报告与官方网站相关信息为依据，将课程、师资与教学资源作为世界主要语言传播机构办学状况的主要观测点，通过问卷调查、典型案例分析、数据统计等方法开展整体比较研究，揭示国际语言传播机构教学发展的关键要素。

　　本书首先对世界主要语言传播机构相关研究进行文献梳理并展开综合评述，在此基础上，从宏观角度对世界主要语言传播机构发展状况进行系统论述，针对各机构管理体系、发展目标、发展规模与分布状况等进行多角度比较分析，了解世界主要语言传播机构的性质与发展目标的异同，基于分支机构数量的多寡来审视各个国际语言传播机构语言国际传播策略的差异。

语言教学是语言国际传播的主要方式之一，世界主要语言传播机构的发展需发挥语言教学的核心作用。基于对文献材料的分析得知，课程、师资与教学资源是国际语言传播机构教学发展的重要载体，鉴于此，本书通过不同章节对世界各主要语言传播机构教学发展的主要载体——课程、师资及教学资源的典型案例进行梳理。在本书的第二、三、四章中，作者基于世界主要语言传播机构发展中的典型案例开展多层次、多维度比较分析，探究各机构教学发展总体状况，总结办学特点，以此为基础进一步探究影响世界主要语言传播机构教学发展的关键要素与未来发展的优化路径。

在本土化发展环境中，利益相关者对世界主要语言传播机构的决策与行动产生重要影响。为厘清影响国际语言传播机构本土化发展的重要利益相关者，本书从"政府与组织"和"特定群体"两个维度出发，开展专家函询调研，筛选出影响国际语言传播机构本土化发展的关键利益相关者。调查结果显示，"政府与组织"维度中"母语国政府、学校或企业等直接合作方、对象国政府"最为重要，"特定群体"维度中"分支机构直接管理者（本土）、分支机构直接管理者（母语国外派）、分支机构决策层领导、本土教师培训专家、外派语言教师、机构理事会、本土语言教师、语言学习者、母语国国家领导人等"均为确定型利益相关者。由此得出结论：影响国际语言传播机构本土化发展的利益相关者，包括：（1）母语国高于对象国；（2）直接参与机构发展者高于间接参与者；（3）"群体维度"影响更加明显，即人的能动作用突出；（4）预期型利益相关者的"可选择性"价值高于"可实现性"价值，应重视对预期型利益相关者的"借鉴"与"选择"。

基于上述研究成果，最后一章进一步探讨孔子学院办学的优化路径与实施策略，提出"重视语言传播价值二重性"及重塑本土化发展的空间表征，变"融入观"为"融合观"的孔子学院办学优化路径，并就如何进一步推动孔子学院的发展提出对策和建议。

　　由于政治、经济、文化差异、社会心理等多种因素的影响，世界主要语言传播机构的语言文化传播过程并非一帆风顺，在发展中如何消除"语言隔阂"，减少"文化误读"，是扫清语言传播机构发展障碍的关键。本书立足于国家语言能力建设，从服务国家发展需求角度出发，并以全球视野审视语言传播机构教学发展差异，有助于减少误会、避免冲突，促进和谐共融，实现交流互鉴。

目　录

第一章　世界主要语言传播机构发展概况

虽然孔子学院与其他国际语言传播机构在成立时间、发展路径等方面存在差异，但在目前同一时代背景下，其发展状况与发展特点具有一定的可比性。本章从文献研究出发，对孔子学院与其他国际语言机构相关文献进行系统梳理。在此基础上，对孔子学院与其他国际语言传播机构管理体系、发展目标、发展规模与分布状况等进行多角度的宏观分析，以期整体把握世界主要语言传播机构的发展状况。

第一节　世界主要语言传播机构研究述评

一、世界主要语言传播机构发展比较研究述评

孔子学院在创立之初借鉴了其他语言传播机构的成功经验，结合自身实际加以创新，发展规模与速度为世界瞩目。随着孔子学院的不断发展，将孔子学院与其他语言传播机构进行比较的研究日益增多，涵盖语言教学、文化传播、语言传播机构发展与建设、语言传播机构与国家发展战略等相关主题。

（一）比较研究主题集中，外围拓展程度不足

近年来，关于孔子学院与其他语言传播机构的比较研究主要集中于语言学、外交学领域，内容涉及语言教学模式（卫东，1986；陈立，2015）、文化传播内容（董璐，2011；李宝贵、刘家宁，2016；

王薇，2014）、传播功能（黄玉芳、叶洪，2017；杨敏，2012）、传播策略（李白琨，2015；李宝贵、史官圣，2018；刘丽平，蒋鑫鑫，2011；王亦、叶洪，2016）等。在此类文章中，学者们对文化传播的关注远远多于语言教学领域，其中董璐（2011）认为，孔子学院的文化传播规模迅速增长并不意味着强效的文化传播效果，因此需注重中国文化价值的积淀及受众的互动与反馈；李宝贵、刘家宁（2016）提出，应借鉴俄罗斯对外传播策略，优化传播布局，加强分工协作，构建有效的汉语国际传播体系；黄玉芳、叶洪（2017）认为，孔子学院发展应淡化政治色彩，并积极拓宽资金来源渠道，挖掘中国文化感召力，增强文化自信；杨敏（2012）从国家文化认同的视角分析孔子学院与塞万提斯学院的异同，建议孔子学院在和谐、正义、团结的国际发展格局中规避风险、加强合作。

"语言传播的动力源泉不在语言本身，而在语言之外的社会。"[①]随着汉语国际传播事业的发展和跨学科意识的增强，相关研究领域已经扩展到语言文化传播与国家语言政策（张西平、柳若梅，2008；崔颖，2016）、语言传播机构的发展建设（曹德明，2016；莫嘉琳，2009；王帆、王红梅，2006）、发展历史（董璐，2011；高永安，2013）、语言文化传播与国家战略的关系等（丛霞，2017；丁芳芳，2013；黄岩，2017；魏丽娇，2014）。丁芳芳（2013）从中国文化走出去的国家战略出发，提出孔子学院应立足文化比较优势，重视合适的传播载体、路径及具体操作方式，加强对跨文化传播活动的跟踪研究；高永安（2014）认为，与歌德学院的曲折发展历史相比，孔子学院发展迅速的主要原因在于借鉴的同时有所创新；莫嘉琳（2009）综合分析了孔子学院与其他国际语言传播机构的发展战略，提出孔子学院要走产业化发展道路，加强机构体系建设，充分调动各方力量共同

[①]吴应辉. 汉语国际传播研究理论与方法［M］. 北京：中央民族大学出版社，2013：24.

发展。这些观点具有典型性、创新型，但研究视角拓展程度略显有限，与国际语言传播机构发展相关的社会学、传播学、经济学、管理学、文化学等其他学科的比较研究成果较少。

（二）一对一比较多，整体比较少

已有的研究成果中，对孔子学院与其他语言传播机构的整体比较研究较少，刘晶晶、吴应辉（2020）将孔子学院与其他世界主要语言传播机构办学状况进行整体比较，"对影响办学状况的主要因素——学习者、师资与管理者、课程、考试与认证、文化活动及运营资金等进行整体比较研究"[①]；刘晶晶、关英明（2018）通过对比孔子学院与欧洲主要语言传播机构，提出孔子学院全球布局具有"近邻优势""大国外交效应"及疏密相异等特点，未来发展应更加深入地了解传播对象，加强国家间的合作与对话，增强对象国主动传播意识。其他研究成果大多是关于孔子学院与其他国际语言传播机构的一对一比较（陈丽君，2012；关晓红，2015，2015；刘丽平、蒋鑫鑫，2011；杨敏，2012）。陈丽君（2012）将英国文化委员会与孔子学院进行对比，探讨组织建设与运营模式相关问题；关晓红（2015，2015）将法语联盟与孔子学院的运作模式与课堂教学分别进行比较研究；刘丽平、蒋鑫鑫（2011）将歌德学院与孔子学院的整体发展情况进行对比，在资金来源、理论研究、文化宣传活动等方面提出五个发展建议。然而，学者们对孔子学院与多个国际语言传播机构进行整体性比较的研究却仍显不足（华国庆，2014；黄湄，2016；刘晓黎、李慧、桂凌，2012；孙鹏程，2008），尤其缺乏基于多种角度的宏观比较研究。如华国庆（2014）通过对比法国、日本、韩国、德国、俄罗斯等国经验，从孔子学院经费筹措角度探讨建立财税保障体系问题；刘晓黎、李慧、桂凌（2012）探讨不同语言传播机构发展异同，在文化传播、

---

①刘晶晶，吴应辉. 孔子学院与其他国际语言传播机构办学状况比较研究（2015—2017 年）[J]. 民族教育研究，2020（6）：126.

语言教学、管理及运行体制等方面提出孔子学院的发展思路。另外，一些整体比较研究的成果主要集中于对孔子学院与歌德学院、塞万提斯学院、法语联盟、英国文化委员会这四所语言传播机构的比较（杜巍，2013；吴建义，2014；张向荣，2011），对其他语言传播机构则较少被关注，相关研究发展不平衡，难以准确把握国际语言传播机构发展的宏观特征，为孔子学院发展提供的参考也受到局限。

（三）资料介绍偏多，理论提升不够

围绕其他语言传播机构的研究现已成为研究热点，研究集中于对语言机构基本情况的宏观介绍、历时资料介绍（曹德明，2016；张西平、柳若梅，2008）。曹德明（2016）较为系统地对世界各国语言传播机构发展情况进行评介；张西平、柳若梅（2008）对世界主要国家语言推广政策进行比较。在百余篇相关论文中，汉语国际教育专业、语言学硕士学位论文占近半数，相关研究深度不够，仅有少量研究对理论进行探讨（董璐，2011；黄湄，2016；王薇，2014）。黄湄（2016）基于多个国际语言传播机构的发展概况，展开对孔子学院研究方法论的探索，提出孔子学院可持续发展指数及大机构观的三个维度；王薇（2014）将歌德学院的发展归功于其拥有灵活的发展空间、坦诚面对的态度、定位准确的受众、植根于当下的内容以及化误解为力量的能力，是孔子学院可以参考的优秀案例。可见，关于语言传播机构发展特点和一般规律的研究尚未充分开展，学界还需进一步提高理性认识，为汉语国际传播事业与孔子学院的快速发展提供可供参考的高质量理论研究成果。

二、孔子学院研究述评

孔子学院自创立至今已走过十几年的发展历程，随着孔子学院发展方向的战略性调整，内涵建设与本土化发展已成为孔子学院发展的新思路与新方向。目前学界关于孔子学院发展研究既有宏观问题的把握又有微观视角的切入，既有量化考察又有质性探讨。主要表现为以下几个特点：

（一）多层次、多角度开展研究

以学术研究助推孔子学院发展，以理论探讨指导具体实践是学界对孔子学院开展宏观研究的主要目标。孔子学院作为中国文化发展战略的重要组成部分，与中国文化"走出去"发展战略以及"一带一路"倡议密切相关，从宏观角度探讨孔子学院可持续发展问题，对孔子学院建设具有一定的参考价值（邓新、刘伟乾，2016；李宝贵，2018；许嘉璐，2014；李宇明，2015，2018；宁继鸣，2017；王建勤，2015；王祖嫘，2013；吴应辉，2010；吴勇毅，2012；张西平，2007，2008，2018）。李宝贵（2018）通过对孔子学院发展特征及转型动因的分析提出面向新时代的孔子学院发展路径；李宇明（2018）在论述语言在全球治理中的重要作用时，强调做好中华语言的国际传播教育规划，使孔子学院成为世界与中国相互了解的窗口，发挥维护世界文化多样性的重要作用；宁继鸣（2017）在办学宗旨、师资队伍建设等方面探讨新常态下孔子学院的完善与创新；王祖嫘（2013）提出处于发展初期的孔子学院应加强理论体系构建，进行科学布局并大力推进国内外合作步伐；吴应辉（2010）在对孔子学院运行模式进行系统分析后，认为孔子学院长期可持续发展的最佳模式应该为"产业经营＋基金捐助＋汉办项目"型；许嘉璐（2014）强调中国文化深层次内涵及个人信仰带来的力量源泉应融入汉语国际教育传播事业中。

一些学者针对孔子学院发展内涵进行解析，提出对孔子学院可持续发展的理性思考（崔希亮，2018；李宝贵、刘家宁，2017；吴瑛、提文静，2009；吴应辉，2009，2010；于淼，2010；张西平，2007），有关孔子学院办学模式与办学水平的研究也占有一定比例（陈俊羽，2011；陈桐生，2007；牛长松、高航，2012；吴应辉，2011；郑通涛，2011）。在这些文章中，崔希亮（2018）认为，孔子学院内涵建设要以发展观念的国际化为基础，探索体系化管理体制与发展机制，促进教学资源、课程、教材，以及师资队伍建设；吴应辉（2009）提出应努力培养孔子学院"造血"功能，建立作为办学实体的孔子学院总院，构建全球化课程与学分认证体系，使孔子学院发展成为超级跨国教育产业集团，实现垂直高效管理；于淼（2010）通过分析孔子学院的传播思路，总结孔子学院营造文化环境、注重和谐关系及文化资源的整合等发展特点，提出未来发展建议；张西平（2007）强调需理解孔子学院软实力的内涵，使孔子形象有利于孔子学院的整体布局战略，并积极探索有效运作模式。

以中观或微观视角对孔子学院的研究主要集中于文化传播、语言教学等领域，其中包括传播模式与传播效果（吴瑛，2012；吴瑛、葛起超 2011；吴瑛、阮桂君，2010）、传播路径与传播方式（梁毅，2018；吕芳，2018；皮家璇，2018）、传播功能与传播价值（陈刚华，2008；欧敏，2016；吴瑛、冯忠芳，2011；肖萌，2018；赵跃，2014），以及对汉语教学内部相关问题的讨论（矫雅楠，2010；刘晶晶、关英明，2012；臧胜楠，2012；赵金铭，2014）。其中，皮家璇（2018）从线上与线下两种不同传播路径，提出应开创多元传播渠道进行中国故事的世界表达；矫雅楠（2010）从传播学视角下探讨孔子学院师资培养问题，主张教师应进行自我反思与自我培养，提升孔子学院师资培养的针对性与实效性；刘晶晶、关英明（2012）提出孔子学院的教材编写应立足海外，尊重不同地区学生的个性差异，编写出适应海外汉语教学实际需要的教材；吴瑛（2012）对不同国家孔子学院进行调查，了解汉语学习者对物质文化、精神文化、行为文化的差异，提出要充分尊重当地传统与价值观念，寻求中国文化与其他国家文化的共通之处；肖萌（2018）从传播者与传播对象的角度分析孔子学院目前存在的问题，认为应加强中国学生对中国文化的认知了解，确定明确的受众对象，使传播内容制度化；赵金铭（2014）认为，孔子学院教学发展呈现出低龄化、多样化特征，应结合当地实际提升汉语教学水平，教材中应注意教学内容的文化摄入，依据所在国国情与教学需要开发出具有鲜明特色的教学模式。

综上，目前对孔子学院文化传播方式与汉语教学相关问题的研究偏多，但却缺少对孔子学院的组织管理、机构运营、社会服务职能等方面更加具体深入的研究。

（二）质性研究成果丰富，量化研究逐渐升温

通过相关理论对孔子学院发展状况进行深层次探究，对孔子学院内部发展规律进行归纳总结，是学界为促进孔子学院可持续发展的学术行动。研究成果主要基于不同理论框架进行探讨（邓新、刘伟乾，2017；蒋继彪，2016；严晓鹏、孙将文，2015；张云、宁继鸣，2017），以及对孔子学院跨文化传播、机构发展等问题进行理论探索（安然，2014；安然、何国华，2017；安然、魏先鹏，2015；吴瑛，2011）。安然、魏先鹏（2015）认为，孔子学院跨文化传播模式主要有人际传播、大众传播及自建媒体传播三类，通过多种渠道到达他处并实现二次传播，有助于提升孔子学院的影响力；安然、何国华（2017）以跨文化能力五要素理论与跨文化适应 ABC 理论为基础，将孔子学院跨文化传播影响力划分出五个评估维度；邓新、刘伟乾（2017）基于"在场"理论探讨孔子学院文化活动的开展；蒋继彪（2016）基于跨文化传播理论指出孔子学院跨国运营的文化风险根源于不同国家之间的文化差异，应具有预见性并采取措施加以防范；张云、宁继鸣（2017）运用扎根理论对孔子学院消费者进行深度分析，探索消费者的品牌体验要素及相互关系，这些研究成果拓宽了关于孔子学院研究的视野，为汉语国际传播理论体系的构建提供了更多创新思路。

以往学界对孔子学院的研究较多采用质性研究方法，随着科学研究进入大数据时代，借助定量研究方法更具客观性、科学性，对问题的阐述更有说服力。近些年来，有关孔子学院的量化研究成果逐渐增多，多为对孔子学院发展现状与研究状况的整体比较（郭晶、吴应辉，2018；李宝贵、尚笑可，2019；林航、邱丹妮、林错，2015；林航、谢志忠、阮李德，2016；林航、谢志忠、郑瑞云，2016；王辉、陈阳，2019；王琦，2018；王祖嫘、吴应辉，2015；曾小燕、吴应辉、袁萍等，2019）。郭晶、吴应辉（2018）基于 2015—2017 年孔子学院发展数据，对孔子学院分布情况、教学规模进行量化研究，提出基于绩效的孔子学院发展机制；李宝贵、尚笑可（2019）对近十年中

国汉语国际教育研究趋势进行统计，总结出汉语国际教育研究的十大主题以及六大研究热点；林航、邱丹妮、林锴（2015）基于40个"一带一路"沿线国家2004年至2015年的面板数据，分析孔子学院对中国书报产品出口及沿线国家学生来华留学的促进作用；林航、谢志忠、阮李德（2016）借助贸易引力模型，分析2004年至2014年孔子学院促进海外来华文化旅游的影响作用；王祖嫘、吴应辉（2015）通过2011年至2014年孔子学院及孔子课堂的增长趋势，探讨这一时期汉语国际传播的主要特点，提出应加快本土化进程，借助先进教育技术及文化产品的结合推动汉语国际传播进程，在体系结构、功能拓展、办学模式等方面进行转型调整；王辉、陈阳（2019）利用人口、教育、经济等大数据，分析"一带一路"沿线国家孔子学院分布状况及存在的问题，并提出相关对策建议；王琦（2018）运用CiteSpace可视化软件分析2005年至2017年孔子学院研究成果的热点话题及学科领域。这些研究体现出孔子学院研究的系统化与全局观，为未来孔子学院相关研究提供了扎实的数据支撑，以及研究思路、方法等方面的借鉴。

（三）学科交叉研究日益活跃

孔子学院作为世界性的教育合作体，不只是语言教学的平台，还是中外文化交流的平台、国际教育合作的平台，以及多学科学术研究与沟通的平台，从政治学、外交学、经济学、法学、管理学、传播学、文化学、民族学等多个学科的视角探讨孔子学院发展问题已经成为学界共识，学科交叉研究逐渐开展，学术成果日益增多（孔梓、宁继鸣，2014；宁继鸣，2006；宁继鸣、王海兰，2009；王海兰、宁继鸣，2016；王祖嫘，2018；张云、宁继鸣，2017；赵跃，2013，2014；赵跃、唐艳秋，2014；郑崧、郑薇，2016；周汶霏、宁继鸣，2017）。孔梓、宁继鸣（2014）从经济学角度分析社会资本对孔子学院资源配置的影响，提出社会资本对资源配置是基于信任实现的，主要表现为威慑型信任、了解型信任及认同型信任；宁继鸣（2006）利用经济学方法探讨汉语国际推广及机构建设问题，依据收益分析指出汉语学习的供需矛盾，构建出孔子学院建设模型。宁继鸣、王海兰（2009）提出孔子学院发展中政府"适度干预"的行为选择；王祖嫘（2018）以传播学、外交学、语言学交叉研究视角探讨东南亚五国汉语传播与中国国家形象认知的相关性，提出"汉语传播价值导向论"及"华人社会汉语传播力"概念；赵跃、唐艳秋（2014）提出孔子学院发展中遭遇法律困境，应制定《孔子学院法》，完善孔子学院制度建设，建立应对危机的法律机制。以上研究充分表明，学界关于孔子学院的研究已经具有很强的跨学科意识，不同的研究视角拓宽了学者们的研究思路，使未来孔子学院研究呈现出多元化的发展趋势。

第二节　其他语言传播机构发展概况

一、其他语言传播机构的性质与发展目标

"国家硬实力是语言国际传播的决定性因素。"[1] 在 20 世纪四五十年代以前，西方国家依托经济、军事等方面的国家硬实力，通过推行政治色彩浓重的"殖民殖语"政策来实施"刚性传播"。随着世界格局发生转变，多元政治与多种文化并存成为时代发展的主题，西方国家在内的世界各国开始采用更加温和、隐性的方式，通过语言文化传播机构开展各项传播活动。

从发展宗旨与目标比较来看，其他各个语言传播机构发展属性基本相同，均为非营利性教育机构，体现非官方性质，但或多或少地受到本国外交部[2]或其下属部门的宏观指导与监督。由于服务职能存在

---

[1]吴应辉. 国家硬实力是语言国际传播的决定性因素——联合国五种工作语言的国际化历程对汉语国际传播的启示 [J]. 汉语国际传播研究（第 1 辑），2011（1）：1.

[2]各个国家"外交部"的翻译有差别，如日本称"外务省"，英国称"外交和联邦事务部（FCO）"等，但职能相同或类似，此处为统一起见，仅使用"外交部"一种表达方式。

差异，这些机构又分为公共机构、慈善机构、文化机构等不同类型，与转型前的孔子学院相比，其他语言传播机构在制度上拥有较高的行政自主权。

各语言传播机构聚焦"语言教学"与"文化传播"两大主题，注重满足世界各国第二语言学习者的学习需求，促进本国文化与其他国家文化间的交流与互动，但语言文化传播的推动力量却有所不同。英国文化协会、塞万提斯学院以语言测试推广为核心，带动世界各国语言学习需求增长；歌德学院、卡蒙斯学院、世宗学堂等机构把对本国同胞与海外侨民的母语教育作为重要任务之一，实现"两条腿"走路；塞万提斯学院的文化传播具有较强的包容性，传播内容突破单一的西班牙文化范畴，推衍至整个西语社会的文化传播，逐步形成"立足欧洲、联合拉美、聚焦美国、拓展非洲、争取亚洲"[①]"泛西班牙语"语言战略同盟，激发了西语文化传播动能。

二、其他语言传播机构的管理体系建设

其他语言传播机构直接或间接地接受国家和政府的监督、管理，除基本职能部门外，还包括以下几个重要组成部分：

（一）最高权力部门

基本采用理事会（或董事会）管理模式，以总部理事会（或董事会）为最高权力部门，负责日常事务管理，具有领导权、决策权，主要审议本机构政策制度、行动计划，商议和决定机构重大事项。一般来说，总部理事会对海外分支机构各理事会具有一定的管辖监督权。但由于各个语言传播机构组织体系、职能分工各有不同，理事会（董事会）的具体名称以及职权范围也会存在微小差别，如塞万提斯学院对董事会、管理委员会（职能同"理事会"）有所区分，其"董事会负责给予学院方向性指导"[②]。歌德学院"实行董事会、理事会和院长

---

①曹德明. 国外语言文化推广机构研究［M］. 北京：时事出版社，2016：248.

②曹德明. 国外语言文化推广机构研究［M］. 北京：时事出版社，2016：235.

三级管理模式"①，最高管理机构为代表委员会，董事会负责日常事务管理。

（二）最高管理者

高级管理人员的任命和机构人员配置通过政府直接任命、委派，或采取选举、聘用等方式，其中既包括政府官员、公司董事长，也有大学校长、文化名人、各领域学界人士，以及工会代表等等。最高管理者可作为名誉主席、主席、理事长、总秘书长等，大多由政府高级官员兼任或由有政府背景人士担任，有三种类型：第一，直接由国家领导人担任语言传播机构的荣誉主席、执行主席或赞助人（Patron），如塞万提斯学院董事会名誉主席由西班牙国王亲自担任，西班牙首相担任执行主席；法语联盟基金会荣誉主席由法国总统担任；英国文化协会的赞助人为英国女王伊丽莎白二世，副赞助人为威尔士亲王查尔斯。第二，最高领导者由政府部门高级官员兼任，管理团队及最高管理者人选均受到国家政府部门的高度重视，如塞万提斯学院受西班牙外交与合作部拉美国际合作国务秘书处管理，其董事会主席由国务秘书直接兼任。第三，通过公开招聘，经政府主管部门同意后予以委任，如英国文化协会所有高层管理人员具有政府工作背景，理事长（主席）采取公开招聘方式，经外交与联邦事务部同意后予以任命；法语联盟总部理事会主席、副主席及其他核心岗位外派人员均由外交部与国际发展部统一选派。此外，其他理事会成员、分支机构主席或代表中，拥有政府官员身份或政府工作经历者也占有相当大的比例。

（三）审计部门

设置专门的审计部门，指定审计师，加强对理事会的评价与监督。如卡蒙斯学院将审计与评估结合，审计办公室受理事会的直接领导，其年度报告中详细而充分地对审计内容进行描述与说明。

（四）咨询部门

咨询顾问是语言传播机构发展质量的可靠保障，将咨询部门作为

---

①曹德明．国外语言文化推广机构研究［M］．北京：时事出版社，2016：184.

机构发展智库，为语言传播机构发展提供智力支撑，如卡蒙斯学院设立葡萄牙语言与文化咨询委员会，作为重要的组织机构，由主席、副主席和理事组成，咨询委员会支持并参与卡蒙斯学院的总体方针的制定，提出规划建议。

（五）其他辅助机构

主要包括其他具有辅助功能的决策参考部门，可对语言传播机构的发展提供专业指导，加强质量控制，优化管理格局，如法语联盟设立赞助委员会，成员来自政府机构以及文化、艺术、传媒等不同领域。

三、其他语言传播机构的发展规模与分布状况

其他语言传播机构的分支机构数量多寡不均，分支机构工作职能存在差异（见图 1-1）。法语联盟在全球共有 832 家分支机构，其中教学类分支机构占大多数，非教学类机构主要从事文化活动的策划与组织，推动与相关机构的合作等业务。歌德学院、英国文化协会、卡蒙斯学院、世宗学堂等分支机构数量均在 150—180 个之间，其中世宗学堂国别分布较为集中，整体布局范围小，其他语言传播机构分布较平均。塞万提斯学院和日本国际交流基金会是分支机构数量最少的两家机构，其中塞万提斯学院在 44 个国家建立 88 个分支机构，日本国际交流基金会仅在 24 个国家建立 29 个分支机构。研究发现，虽然分支机构数量较少，但二者均拥有较为完备的语言国际传播体系。日本国际交流基金会在全世界构筑的"樱花联盟"，截至 2017 年已有 92 个国家和地区的 288 个会员单位，影响范围广泛；塞万提斯学院除 88 个直属分支机构外，还通过 1000 余个西班牙语考试中心和资格认证机构发挥联动传播效应。可见，不同语言传播机构给予分支机构的不同功能和任务，其分支机构数量的多寡和国别分布一定程度上体现出国际语言传播机构规模的大小，但并非决定性因素。

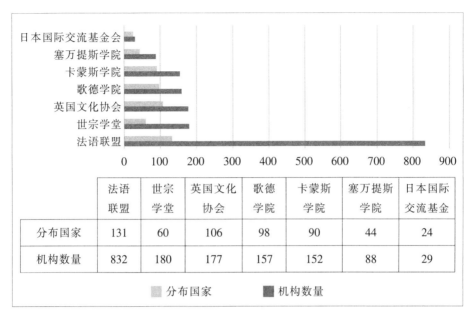

图 1-1　其他语言传播机构规模与分布状况

各机构①在重点区域的分支机构数量均为总数的 40% 上下，法语联盟以美洲为重点，歌德学院与塞万提斯学院以欧洲为重点，世宗学堂、英国文化协会与日本国际交流基金会以亚洲为重点。根据其他语言传播机构分支机构的分布比例，各机构洲际分布状况排序如下：

法语联盟：美洲—欧洲—非洲—亚洲—大洋洲

歌德学院：欧洲—亚洲—美洲—非洲—大洋洲

世宗学堂：亚洲—欧洲—非洲—美洲—大洋洲

塞万提斯学院②：欧洲—美洲—亚洲—非洲—大洋洲

英国文化协会：亚洲—欧洲—非洲—美洲—大洋洲

日本国际交流基金会：亚洲—欧洲—美洲—非洲/大洋洲

①葡萄牙卡蒙斯学院年度报告及官方网站未公布分支机构的洲际分布情况，因此未计入统计。

②数据来源：塞万提斯学院年度发展报告（2015—2016），塞万提斯学院官方网站，网址为：https://www.cervantes.es/default.htm.

世界主要语言传播机构的分布状况具有洲别相似性，即隶属于同一洲的语言传播机构在非重点地区布局大致吻合。以在非洲的分布为例，欧洲的英国文化协会、法语联盟、歌德学院和塞万提斯学院四家机构均达 15% 左右，隶属于亚洲国家的日本国际交流基金会和世宗学堂却仅在 5% 左右，各机构在大洋洲的分布也体现出这一特点（见表1－1）。

表 1－1　其他国际语言传播机构洲际分布比例表

机　构	洲　别				
	亚洲	欧洲	美洲	非洲	大洋洲
歌德学院	25%	36%	15%	14%	2%
法语联盟	10%	31%	40%	14%	5%
世宗学堂	37%	33%	20%	6%	4%
塞万提斯学院	16%	47%	19%	16%	1%
英国文化协会	40%	31%	9%	19%	1%
日本国际交流基金会	44%	28%	20%	4%	4%

一些机构关注国际社会，想确定重点地区。英国文化协会、歌德学院、卡蒙斯学院等语言传播机构关注国际社会发展形势，积极参与到国际社会人道主义活动中，将语言文化传播与国际人道援助相结合，从不同角度树立国家良好形象。英国文化协会 2015—2016 年度继续推动"埃塞俄比亚公民社会支持计划"，已惠及 650 万受社会边缘化与边缘地理位置影响的人，帮助提升公民的社会生存技能。歌德学院重视与伊斯兰世界的对话，关注全球难民危机，以期建立"危机四伏的世界中一个可以对话的预警系统"①，歌德学院在难民营内积极参与到针对儿童和年轻人的教育和支持项目中，帮助难民融入德国社会，

①转引自张帆，王红梅. 文化的力量：德国歌德学院的历史和启示 [J]. 比较教育研究，2006（11）：25－26.

并在冲突所在国开展语言文化交流项目。卡蒙斯学院推动葡萄牙与其他国家建立双边和多边合作，开展公共发展援助项目，如将东帝汶作为重点合作国家，与东帝汶国立大学创建 15 个合作代理点，支持教师团队的培训工作；不断向东帝汶司法部、行政分权国务秘书处等部门提供咨询服务；通过东帝汶民主治理资助项目、东帝汶气候变化资助项目等开展更深入的合作。

此外，较为年轻的国际语言传播机构显现出较强的发展活力。世宗学堂、塞万提斯学院、法语联盟、日本国际交流基金会发展规模均有所增长，这些机构大多成立于 20 世纪后半期，在积极推广政策引导下稳中求进，传播链条不断延伸到各个国家和区域，发展速度较快。法语联盟虽为老牌语言传播机构，但由于采取积极的语言传播态度和措施，发展速度仍有较快增长。相比之下，歌德学院、卡蒙斯学院、英国文化协会等老牌语言传播机构却呈零增长或负增长。近年来，歌德学院海外分支机构数量连续多年未发生变化，至 2018 年开始有所减少，卡蒙斯学院和英国文化协会发展速度出现高低波动，呈先降后升趋势。

第三节　孔子学院发展概况

一、孔子学院性质与发展目标

自 2004 年第一所孔子学院在韩国首尔成立至今，孔子学院已经步入第 17 个发展年头，多年来，孔子学院积极适应世界各国人民学习中文、了解中国的需求，成为国际中文教育走向世界各地的重要推动力量。孔子学院积极开展语言教学、文化传播、学术交流等活动，积极促成各个领域国际合作，受到国际社会的广泛关注，成为覆盖面广、包容性强，具有世界影响力的语言文化传播机构之一。

《孔子学院章程》中指出，孔子学院致力于"适应世界各国（地区）人民对汉语学习的需要，增进世界各国（地区）人民对中国语言文化的了解，加强中国与世界各国教育文化交流合作，发展中国与外国的友好关系，促进世界多元文化发展，构建和谐世界"①。秉承"相互尊重、友好协商、平等互利"的原则，采取中外合作办学模式，在世界各地建立分支机构，实现共商、共建、共享。孔子学院属于具有独立法人资格的非营利性教育机构，2020 年 6 月以前，孔子学院总部②一直作为全球孔子学院的协调和管理部门，拥有孔子学院名称、标识、品牌的所有权，负责管理和指导全球孔子学院，随着 2020 年 6 月中国国际中文教育基金会的成立，孔子学院品牌开始由基金会负责运营，鼓励孔子学院双方承办单位发挥更大的自主权和灵活度，推动孔子学院可持续发展。

二、孔子学院管理体系建设

转型前的孔子学院全球传播体系由孔子学院总部及海外孔子学院、孔子课堂及汉语教学点组成，各个传播实体拥有共同的发展宗旨和目标，统一的品牌标志和质量认证体系，采取中外联合办学的经营方式，共享孔子学院教学资源，共同构成具有品牌效应的中国语言文化对外传播的统一体。孔子学院的发展模式，根据各个国家、地区的特点与实际需要，因地制宜、灵活多样，中国境外具有从事语言教学和教育文化交流活动能力的法人机构，都可向孔子学院总部申请建立孔子学院。

孔子学院总部设立理事会管理全球孔子学院，理事会由主席、副主席、常务理事和理事组成，其中主席 1 名，副主席和常务理事若干，

---

① 数据来源：《孔子学院（课堂）章程》，孔子学院总部/国家汉办官方网站，网址为：http://www. hanban. org/confuciousinstitutes/node_7537. htm＃no1.

② 本书中的"孔子学院总部"均指 2020 年 6 月前的原孔子学院总部。

理事 15 名，其中 10 名由海外理事长担任，其余 5 名由中方担任，第一届理事会委员由总部聘任，以后可选举产生或按孔子学院成立时间轮流担任。理事会下设秘书处，作为孔子学院总部日常工作机构，主要行政负责人为总干事、副总干事。总干事为孔子学院总部法人代表，由常务理事担任。中外合作设置的海外孔子学院，实行理事会领导下的双院长制，理事会成员由双方共同组成，人数与构成比例由合作双方协商确定，中外双方合作单位各选派一名院长，合作处理孔子学院的日常运营和管理事宜，同时还需具备较强的公共关系和市场开拓能力。

2020 年转型后的孔子学院具有更强的独立性和开放性。孔子学院以基金会模式发展运营，"基金会对孔子学院的支持更多体现在品牌塑造、标准指引、资源服务和生态营造上"①，这是顺应国际语言传播机构发展的必然选择，有助于各国孔子学院充分发挥个体优势，实现个性化转型升级，满足多元发展需求。

三、孔子学院发展规模与分布状况

孔子学院成立至今发展迅速，海外分支机构数量总体呈增长趋势。截至 2019 年 12 月，已建立 550 所孔子学院和 1172 个孔子课堂，其中 2006—2018 年孔子学院（课堂）总数持续增长，国别数量逐年增多（见图 1－2、图 1－3）。在成立之初，孔子学院（课堂）数量增长速度较快，2006—2014 年平均增长速度为 37.25％，近年来增速逐渐放缓，2015 年增速降至 13.12％，2016—2017 年增速持续下降 5.6％和 3.41％，三年平均增速仅为 7.38％。

①柴如瑾. 适应国际中文教育事业发展：教育部设立中外语言交流合作中心［N］.光明日报，2020－07－06（8）.

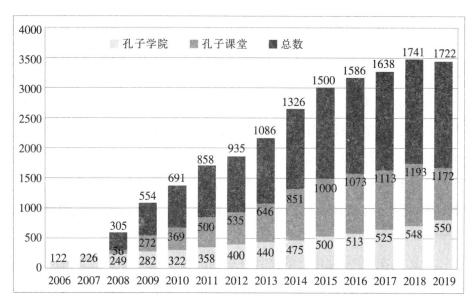

图 1-2　2006—2019 年孔子学院（课堂）总数变化

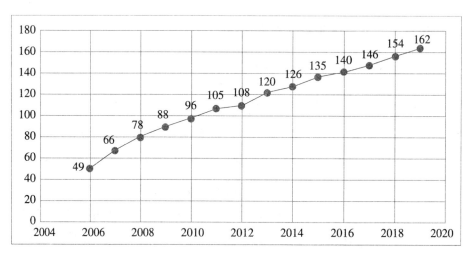

图 1-3　2006—2019 年孔子学院（课堂）国别数量增长情况

孔子学院洲际分布重点突出，分布密度差异显著。孔子学院在美洲的分布数量最多，约占总数的 46％，且分支机构数量仍在快速增长，发展至今，美国已成为全球拥有孔子学院（课堂）最多的国家。

孔子学院在欧洲的分布数量仅次于美洲，约占总数的 29%，且保持较快增长速度，而亚洲、非洲、大洋洲的分布比例相对较低，分别为 13%、7% 和 5%，增长速度不明显（见图 1-4）。

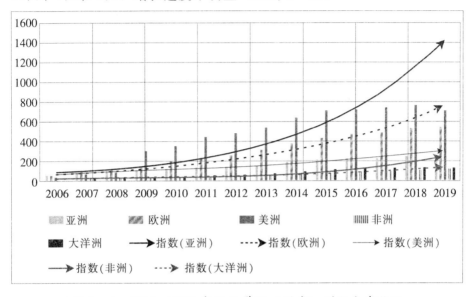

图 1-4　2006—2019 年孔子学院（课堂）洲际分布状况

第二章 世界主要语言传播
机构课程分类与比较

世界主要语言传播机构的课程分类可划分为教育途径、课程形式、教学内容三个方面。根据教育途径的不同，分为学历教育和非学历教育；根据课程形式的差异，分为线下面授课程、线上网络课程以及"线上＋线下"混合课程三种类型；根据教学内容的不同，可划分为语言课程和文化课程等，其中语言课程包括一般语言类课程、考试培训类课程以及专门用途类课程（见图2-1）。

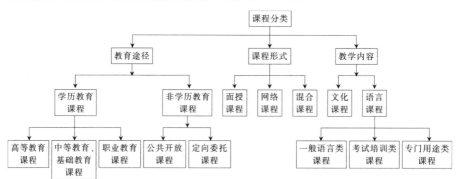

图2-1 世界主要语言传播机构课程分类

第一节 世界主要语言传播机构课程分类情况

一、按教育途径分类

根据教育途径差异可分为学历教育课程和非学历教育课程两类，

其中学历教育按学段可划分为高等教育、中等教育、基础教育及职业教育，非学历教育指国民教育体系外的培训教育、进修教育，包括公共开放课程和定向委托课程等不同类型。

（一）学历教育课程

1. 高等教育课程

孔子学院课程以纳入对象国高等院校课程体系为主要目标，学历课程大致分为三种类型：一是由孔子学院自主创建，以语言类课程为主，大多作为选修类课程纳入所在高校学分课程体系；二是与所在高校相关专业的合办课程，以双方合作关系为基础，由孔子学院总部选派教师承担一定的教学任务，在人力资源、教学资源等方面给予支持；三是在拥有良好的中文教学环境和汉学研究基础的高等院校，将孔子学院课程融入其整体课程架构中，成为中文专业课程体系的重要组成部分。

其他国际语言传播机构积极推动内部课程纳入对象国高等教育学分课程体系，课程建设目标与孔子学院类似，但在发展方式上更注重学历课程多元合作关系的确立。首先，积极与高等院校直接合作开设学分课程，使课程设置向标准化、合理化、常规化方向发展。如塞万提斯学院与英国利兹大学直接合作，将西班牙语作为塞万提斯学院的常规课程，并纳入利兹大学语言学专业教学体系中；在分析和研判法国高校课程需求状况后，塞万提斯学院加强与高等院校合作，助推其在课程设置中增加对西班牙语认证要求，这一举措既突出了塞万提斯学院作为语言水平认证机构的权威性，也进一步激发了西班牙语在法国高等教育领域的发展潜力和市场活力。其次，抓住有利契机，与所在国教育管理部门开展合作，创办新专业，开发新市场。如英国文化协会与巴基斯坦高等教育委员会合作，推动社区文化项目向课程体系内部发展，在市场需求烘托下开发新的本科课程。再次，发挥桥梁作用，推动国与国之间伙伴关系的形成，加强校际合作，促进双方课程建设和专业发展。如卡蒙斯学院重视高水平人才培养课程体系建设，依托校际合作加强教学团队能力建设，提高硕士、博士层面教学培养质量；英国文化协会促成英国、墨西哥两国政府达成协议，双方同意承认彼此颁发的学历资格，实现学分互认，为两国的教育和经济合作提供了有力支持。这些有力举措对推动国际语言传播机构学历课程体系建设发挥重要作用，为机构本土化发展营造了良好的教育生态。

2. 中等教育、基础教育课程

近年来，语言学习愈加呈现低龄化发展趋势，基础教育、中等教育体系中的儿童和青少年学习者逐渐成为语言国际传播的重要利益相关者，将语言教学纳入对象国国民教育体系，开发适应不同国家和地区低龄人群的语言类学历课程，已成为各个国际语言传播机构本土化发展的共识。然而，在面向中等教育、基础教育层次课程体系建设的具体措施上，孔子学院与其他语言传播机构相比略有不同。

（1）设立专门面向低龄人群的教学实体

截至目前，全球已建有 1170 个孔子课堂①，通过开设汉语课程，举办文化活动，促进中文在世界各国中小学的传播，其他国际语言传播机构则未专门设立此类教学实体，仅通过开展合作，培养人才和培训教师等方式，支持海外中小学课程建设。

（2）课程建设理念略有不同

孔子学院（课堂）注重将语言类课程嵌入"汉语桥""孔子学院日"等各类文化传播项目中，一方面以"请进来"的方式邀请海外青少年到中国交流访问，实现课程体系内外互为补充，本土化长期课程与中国境内短期课程相结合的发展模式；另一方面积极在当地开展文化传播活动，增加中文课程的吸引力，但由于参与文化活动的受众对象广泛，专门面向低龄人群的本土化传播项目稍显不足。而其他语言传播机构更注重立足于当地社会，将语言教学和文化活动与本土化生活和当地社会环境相融合，课程开发综合考虑年龄差异、学生类型差异（如双语儿童、青少年、母语儿童等）、学习目的差异（如考试培

---

① 数据来源：孔子学院总部官方网站，网址为：http://www.hanban.org/，数据获取时间：2020 年 11 月。

训、夏令营、文化感知）等，注重受众行为分析和人群定向，为各个年龄段学习者创造语言学习空间，满足学习者心理需求。

3. 职业教育课程

职业教育以适应社会需求为出发点，培养既能掌握专业知识，又具备高级技能的技艺型、操作型人才。孔子学院职业教育课程建设与国际语言传播机构的发展思路基本相同，但在职业教育学历课程建设方面均有较大提升空间。

孔子学院创办了多个职业导向型分支机构，如非洲埃塞俄比亚职业教育孔子学院、伦敦中医孔子学院、巴基斯坦费萨拉巴德农业大学孔子学院等均突出职业技能培养，这些分支机构有明确的职业化培养目标，准确把握专业定位，实现课程专门化、教学实习一体化等。相比之下，歌德学院与卡蒙斯学院的职业教育课程特点较为显著，如歌德学院注重学习者德语能力与职业素养的综合提升，卡蒙斯学院依托莫桑比克职业教育网开设职业教育课程，在 2016 年已有 50 所学校参与合作培养职业化人才，学生人数达 1.5 万人。

（二）非学历教育课程

1. 公共开放课程

非学历教育课程以语言课程为核心，具有多层次、多样化、实用性的特点，是国际语言传播机构中最具发展活力的课程类型之一，其特点主要表现在四个方面：

首先，职业类课程最具发展潜力。法语联盟在非洲国家的课程建设值得借鉴，非洲 55 个国家中有 20 个国家将法语作为官方语言，法语成为人们融入社会行业的一项要素。鉴于此，法语联盟面向非洲国家开设了大量的公共法语课程，为学习者提供更多就业机会，改善学习者的职业前景。

其次，关注重点对象和特殊群体。塞万提斯学院面向低龄人群的课程本土化推动措施具有很强的前瞻性，如黎巴嫩塞万提斯学院为低龄儿童开设特殊班，放宽语言学习年龄限制，鼓励儿童从 4 岁起开始学习西班牙语。通过这种方式的推动，西班牙语在公立学校的发展更加顺利。歌德学院、法语联盟等机构关注面向弱势群体的课程开发，如弗莱堡歌德学院为当地难民开设专用德语课程，法语联盟为落后地区民众提供人文关怀，使里约热内卢贫民窟的年轻人可享受两年免费法语课程，在多米尼加共和国，家境不好的年轻人也有机会获得法语联盟奖学金等。

再次，发挥本国优势，打造特色课程。孔子学院开办的中国文化特色课程具有典型性，如昆士兰大学孔子学院凭借着中医、中国武术等方面的文化优势，与中国武术协会合作，申请将中国武术中的太极拳作为澳洲中小学体育课程的选修科目，参加课程的澳洲中小学生不仅可以获得澳洲教育部门的学分，还可以获得国际武联颁发的相应段位证书。

最后，通过多方合作扩大目标群体。孔子学院合作范围广泛，立足于国内各级教育资源，以建立汉语国际推广基地的形式开展各类培训工作，并与中国国际广播电台（CRI）、中国进出口银行等企业和机构开展跨界合作，同时积极推进国际合作，与不同国家教育部或其他行政部门、高等院校、中文教师协会以及英国文化协会、歌德学院等其他语言传播机构建立合作关系。其他语言传播机构注重加强国际合作，如塞万提斯学院与欧盟合作，持续为欧盟官员提供西班牙语培训，并对有意在欧盟组织内谋求职务晋升的官员提供西班牙语水平评估；日本国际交流基金会成立关西国际培训中心，邀请不同国家的外交官、公务员和日本研究专家前往日本接受专门的日语培训。

2. 定向委托课程

定向委托课程，指根据对象国市场需求，面向当地政府、学校、企业以及不同机构，以委托形式开设的自主定向课程。此类课程一般没有统一的教学标准和课程大纲，教学地点和班级人数具有较大的自由度，但课程内容针对性强，课程形式灵活多样。如塞万提斯学院在中标的苏格兰政府项目中，开设政府公务员西班牙语课程，使越来越多从事国际业务的私人企业开始为其雇员报名参加西班牙语课程，或要求为其管理人员报名参加西班牙语一对一课程学习。

定向委托课程是孔子学院本土化发展的重要途径，如爱尔兰都柏林大学孔子学院开设了一对一特别强化汉语课程，学员包括爱尔兰政府官员、商务或公司企业人士、教师以及其他社会各界人士；古巴哈瓦那大学孔子学院为华为驻古巴公司外籍员工开设了汉语课程；加拿大埃德蒙顿孔子学院为卡尔加里石油公司管理团队开设了汉语课程；等等。

二、按课程形式分类

（一）线下面授课程

线下面授是世界主要语言传播机构的主要教学方式，孔子学院面授学习者人数居首。以 2017 年为例，孔子学院面授学习者达 170 万人，居各语言传播机构之首；法语联盟次之，达 49.1 万人；英国文化协会居第三，达 40 万人；歌德学院居第四，为 29.17 万人，卡蒙斯学院居第五，为 16.97 万人；世宗学堂居第六，为 5.62 万人；日本国际交流基金会最少，仅 2.12 万人。（见表 2 - 1）

表 2 - 1   2017 年度各机构学习者分类及数量①

	面授学习者	网络学习者
孔子学院	170 万人	62.1 万人
歌德学院	29.17 万人	36 万人
法语联盟	49.1 万人	1.57 万人
英国文化协会	40 万人	/
卡蒙斯学院	16.97 万人	/
世宗学堂	5.62 万人	12.02 万人
日本国际交流基金会	2.12 万人	/

①表格中数据以万为单位，四舍五入得出，其中英国文化协会面授学习者数量仅涵盖其分支机构中的学习者人数，不包括在世界各国各类学校或一些组织机构中的英语学习者。日本国际交流基金会 2017 年数据未公布，表格中为 2016 年统计数据。

（二）线上网络课程

随着全球互联网技术持续提升，线上网络课程开发已成为国际语言传播机构课程建设的重点发展方向，如建立官方语言学习网站，研发数字化课程资源，开发多模态语言文化课程，以及为语言教师和学习者提供各类在线培训课程，等等。

图 2-2　网络孔子学院 2007—2018 年网络课程发展趋势图

网络孔子学院是孔子学院在线课程的主要场所，实施集合式、统筹式发展。自 2008 年正式运行以来，网络孔子学院不断升级完善，实现从框架到内容，从内容到形式的发展过程，大致经历了"平台搭建""内容架构""功能升级""形式更新""体系日趋完备"五个发展阶段（见图 2-2）。

表 2-2　网络孔子学院 2007—2018 年网络课程发展状况[①]

年份	网络孔子学院网络课程发展状况
2007 年	网络孔子学院投入试运行。面向全球汉语学习者和汉语教师，提供在线课程、教学资源、孔子学院在线管理集新闻发布等多项功能。
2008 年	网络孔子学院网站开通运行。
2009 年	基本建成以北京、上海、香港、伦敦和洛杉矶为辐射点的全球网络传输硬件平台，架设新版网站架构，启动运营 48 个中英文汉语教学和中华文化频道，加强网站资源建设，与 60 多家媒体、出版社建立内容合作关系，完成国内外网络调研工作。网络孔子学院完成改版工作，将网站内容划分为孔院、资源、学习、互动、文化五个部分。

①数据来源：孔子学院年度发展报告（2007—2019），孔子学院总部/国家汉办官方网站，网址为：http://www.hanban.org/，数据获取时间：2019 年 8 月。

续　表

年份	网络孔子学院网络课程发展状况
2010 年	进一步加强内容建设，积极拓宽海外汉语学习渠道，开通英、法、德、俄、日、韩、西、阿、泰 9 个语种的"学习中心"。从网络媒体、纸质媒体及孔子学院等多个维度加大网站宣传推广力度，开展了丰富多彩的大赛及专题活动。网站注册用户达 10 万余人，对 CDN 全球网络传输平台进行维护及性能优化，进一步提高网站的访问速度。
2011 年	构建了全新的汉语在线学习版块，搭建了新版中国文化展示平台，开创了新闻汉语版块，倡导搭建全球孔子学院网站群，实现 45 个外国语种版本上线试运行。
2012 年	多语种频道与栏目不断增加，实现 46 个语种上线。构建中国语言文化国际传播数字平台，开设新闻汉语、在线学习、孔子学院、文化集锦等多个版块，提供图文、音视频多媒体资源。通过提供个性化服务，为全球孔子学院搭建各具风格的子网站，将全球孔子学院（课堂）紧密联结为一体，为全球孔子学院（课堂）提供交流及展示平台。
2013 年	全面完成升级改造。新平台增加了互动教学、视频媒体和电子商务的系统功能，实现全新 WEB2.0 交互及基于 MOOC（慕课）教学理念的实际应用，设有新闻、在线自学、在线课堂、一对一辅导、文化、考试、全球孔院、媒体、学院商城等 9 大版块，可为全球用户学习汉语、探索中国文化提供集教学、培训、体验服务于一体的在线服务。
2014 年	全面开展对外汉语网络教学，采用实时互动教学方式，为广大汉语学习者提供大量的在线实时授课和学习课件。全年累计在线开课的教师有 891 人，开课 24519 节，学员用户 28 万，合作机构 39 家。
2015 年	在线汉语学习者注册学员人数达 50 多万，累计在线开课的教师有 4005 人，开课超过 25.3 万节，合作机构 87 家。
2016 年	全面开展对外汉语网络教学，采用实时互动教学方式，为广大汉语学习者提供大量的在线实时授课和学习课件，开设汉语言文化课程 30.7 万节，适应移动端学习潮流，策划制作 6 大类微视频课程。注册学员人数 59.7 万，开设汉语言文化课程 30.7 万节。
2017 年	网络孔子学院主要提供全球孔子学院慕课及相关服务，课程包括汉语学习、国际汉语教师培训、中国概况、中国传统文化等；为海外孔子学院提供网站建设服务，目前已建成 199 家孔子学院网站，注册学员人数 62.1 万。
2018 年	为适应全球"汉语热"普遍升温的需求，2017 年起网络孔子学院把为全球孔子学院提供慕课、微课、教学资源库等资源支持，提供教、学、培、考、认证一站式服务作为建设目标。目前课程包括汉语学习、国际汉语教师培训、中国概况、中国传统文化等。累计开设各类在线课程 70 多门、2000 余节。截至 2018 年 12 月底，网络孔子学院总学习人数达 1023 万人，其中注册用户 82.3 万人。

与孔子学院统筹式网络课程相比，其他国际语言传播机构的在线网络课程本土化建设，表现出以下四个特点：

首先，以分支机构为实施主体，结合当地实际，满足本土化特殊要求。如法语联盟发挥分支机构网络课程建设的自主权，根据传播对象国的实际状况具体实施。截至2018年，已有179个联盟开通网络课程，其中欧洲、拉丁美洲和亚洲网络课程普及率最高，亚洲、大洋洲网络课程发展速度最快，网络技术相对落后的非洲和印度洋地区及安的列斯群岛和加勒比海地区则相对迟滞。

表 2-3　法语联盟分支机构 2015—2018 年网络课程分布状况

年份	线上授课联盟数量	欧洲	北美洲	拉丁美洲	亚洲	安的列斯群岛和加勒比海地区	非洲和印度洋地区	大洋洲
2015 年	121	22%	15%	25%	11%	10%	9%	8%
2016 年	143	26%	13%	23%	16%	11%	7%	14%
2017 年	174	26%	20%	30%	28%	11%	7%	13%
2018 年	179	29%	17%	25%	34%	11%	7%	21%

其次，提供信息和技术支持，满足学习者个性化需求。塞万提斯学院全球虚拟课堂创建"自定义课程"，如在罗马尼亚的公司员工，根据企业需要和当地塞万提斯学院教师团队的具体状况，使用全球西语虚拟课程对学习内容进行了个性化订制。

再次，利用游戏或影视、娱乐主题吸引年轻受众。日本国际交流基金会"动漫＆漫画日语"网站自2011年开放以来，提供以"动漫＆漫画日语"为主题的日语课程，推动在线学习者数量持续增加；英国文化协会与阿德曼动画公司针对幼儿英语学习联合开发了大规模开放式在线英语课程，鼓励孩子们通过经典角色小羊肖恩和提米来学习英语。

最后，利用对象化的专门教学网站以及脸书、优酷、Twitter等多个网络社交媒体，为学习者开发数字社区，增加课程学习人数。如英国文化协会面向不同类型学习者开通专门网站，并利用多个社交媒体渠道，为学习者提供英语学习软件，在线实时授课课程以及英语考试信息等，脸书上的"学习英语"网页已成为数百万英语学习者的数字化学习社区。

（三）"线上＋线下"混合课程

混合课程，是采取线上与线下相结合的形式，以弥补面授课程空间和时间上的不足。各机构的混合课程均注重合作、协调与补充，如孔子学院与庆熙大学网络大学院合作，建设线上汉语教学平台，配合线下课堂和教学点的课程教学，玻利维亚圣西蒙大学孔子学院录制中国传统节日、八段锦、易筋经、商务汉语等线上课程，为学习者提供主修课程以外的语言学习资源和文化知识补充。此外，法语联盟、塞万提斯学院等机构的混合课程具有代表性，在法语联盟分支机构的全部网络课程中，混合课程所占比例已达 30％以上，塞万提斯学院加强网络平台与各中心之间的协调，通过西语虚拟网络开设线上辅导课程。

三、按教学内容分类

（一）语言课程

根据教学内容的差异，语言课程可分为一般语言类课程、考试培训类课程、专门用途类课程三大类，孔子学院与其他国际语言传播机构的课程划分存在共性特点。

1.一般语言类课程

按学习者水平划分层级，课程设置具有连续性。如孔子学院根据学习者水平差异设有初级、中级、高级等不同层次的语言课程，划分标准基于《国际汉语教学通用课程大纲》，根据当地教学实际灵活划定，具有较大自主性。

2.考试培训类课程

与考试类别和等级挂钩，实现考教结合，注重对考试培训类课程的整体规划。如将考试证书作为移民目的语国家的条件之一，赋予考试证书更高的社会价值，依需求变化开发创新型特色考试培训课程①，

----

①如马达加斯加法语联盟与政府合作的法国厨师专业技能法语测试课程，英国文化协会推出的"普思考试"等。

等等。

3. 专门用途类课程

适应各类语言环境、职场领域特殊需要开设各类"语言+"课程，是世界主要语言传播机构本土化课程开发的重点，这类专门用途课程主要包括商务类、旅游交通类、科技类、传媒类、医疗卫生类、军事类、法律类、文艺类、公务类等九大类。如卡蒙斯学院提供商务领域远程培训课程，歌德学院为"学校：塑造未来的伙伴"项目参与者提供戏剧课程；塞万提斯学院与巴西律师协会和巴伊亚法官学校合作开办"法律西班牙"实用课程，为法官和专业人员开办法律领域的西班牙语课程；法语联盟在考拉克与法国大使馆安全保卫合作，支持该国预备士官学校学生的专项军事培训项目；等等。孔子学院积极开办各类特色型、职业技术型培训课程，如中医、艺术、商务课程等，使汉语教学与提高文化素养、提高职业技能相互协调。

（二）文化课程

推动本国文化的对外传播，增进世界各国人民对本国语言文化的了解，是世界主要语言传播机构的重要使命之一，文化课程作为语言文化传播体系的重要模块，通过课堂讲授、文化讲座以及社会实践体验等途径，加速不同文化间的交流与融合，扩大本国文化影响力。孔子学院与其他语言传播机构的文化类课程相比，既同中存异，又独具特色。

孔子学院文化课程具有常规化、体系化特点，注重加深学习者对中国文化的认知和理解，其他语言传播机构更加注重操作性、实践性特点，加强文化课程的社会影响力。以孔子学院和塞万提斯学院为例，孔子学院文化课程以中国概况、中国国情、中国文学、中国成语与寓言等文化知识课程为主，辅之以武术、书法、京剧、剪纸、烹饪、茶艺等文化技能类课程。这些课程紧扣中国文化特色，加强中国文化的吸引力和感染力，加深学习者对中国文化的理解；塞万提斯学院开设摄影、弗拉门戈舞（西班牙传统舞蹈）及拉丁语诗歌等文化知识和文化技能类课程，在萨尔瓦多，它与西班牙餐厅合作开展西班牙烹饪教学，该课程简单易懂，操作性强，使塞万提斯学院在当地的受众范围不断扩大，社会影响更加广泛。

孔子学院将文化课程纳入文化交流项目，将文化活动与文化教学结合起来，其他语言传播机构大多注重文化互惠，加强双方文化的交流与融合。自 2009 年起，孔子学院每年组织国内高校师生赴各国孔子学院开展专家巡讲、教材巡展、艺术巡演活动，将文化知识蕴含在文化活动中，为国外受众讲述中国故事，或在文化游学活动中开设短期文化课程，使参与者在感受和学习中国语言的同时，加深对中国文化的了解。相比之下，其他机构更注重从文化互惠的角度传播本国文化，如世宗学堂与相关机构和大学合作，选派文化艺术人员担任文化导师，共同开发韩国文化专题讲座和韩国文化体验包等各种文化教育材料，并提供专门的资金支持；塞万提斯学院以纪念塞万提斯逝世四百周年为契机，举办"走近名人塞万提斯"活动，既可以使西班牙语学习者在实践中感受这位伟大的作家形象，又可以扩大西班牙文化的海外影响力。

第二节　世界主要语言传播机构
课程建设情况比较

世界主要语言传播机构的课程建设立足于语言国际传播实践，以扩大对象国语言传播需求为目标，聚焦语言教学主业，基于当地不同领域目标人群开设各类课程，实现课程类型多元化，课程内容专门化发展。

一、课程发展现状比较

（一）总课时量与教学机构分布数量存在较大相关性

孔子学院分支机构数量远超其他国际语言传播机构，开课门次数量大，开课总数居首且逐年递增。2009 年全年孔子学院开课数量达 9000

门次，2010 年实现翻倍，达到 18000 门次，其后数年课程数量呈阶梯性增长，到 2017 年已增加至 41 万门次，数量增长显著。（见表 2－4）

表 2－4　孔子学院 2009—2017 年开课数量统计表

单位：门次

年份	2009 年	2010 年	2011 年	2012 年	2013 年	2014 年	2015 年	2016 年	2017 年
开课数量	9000	18000	24000	34000	40000	67000	72000	\	410000

法语联盟分支机构数量仅次于孔子学院，近年来课时量相对较多。2015 年 3060 万学时，2016 年 2800 万学时，2017 年 3000 万学时[①]，三年间课时总量略有波动，但总课时量与教学机构空间分布密度却始终紧密相关。以 2016 年为例，法语联盟全年课时总量为 2800 万，其中拉丁美洲课时量最多，占 36％，亚洲占 25％，欧洲占 15％，非洲占 12％，安的列斯群岛和加勒比海地区占 5％，北美洲占 5％，大洋洲占 2％。课时量最多的国家是印度、巴西和中国，课时总量全部超过 200 万学时，法国、秘鲁、哥伦比亚和墨西哥四国总量均在 130 万—170 万学时之间，马达加斯加、美国以及南美洲的阿根廷、古巴、委内瑞拉、厄瓜多尔等国课时量也比较高。法语联盟在美洲分支机构数量最多，开设课时总量居首位[②]，但也有例外，法语联盟亚洲分支机构数量较少，而课时却超过了分布密度较大的欧洲地区。

（二）课程种类与门次复杂多样

世界主要语言传播机构均聚焦语言主业，课程种类多种多样，其中孔子学院、卡蒙斯学院开设课程门次较多。以 2015—2017 年为例，全球孔子学院（课堂）开设课程总门次达 6776 门[③]，包括汉语学习、

①由于法语联盟年度报告以学时数进行统计，此处仅以学时数进行讨论而非课程门次。

②由于法语联盟的分布状况以美洲进行统计，此处的课时总量也指包括南美洲、北美洲以及安的列斯群岛和加勒比海地区在内的美洲总比例 46％。

③郭晶，吴应辉. 孔子学院发展量化研究（2015－2017）［J］. 云南师范大学学报（哲学社会科学版），2018（5）：38.

国际汉语教师培训、中国概况、中国传统文化、HSK 考试辅导以及其他职业类课程。而卡蒙斯学院注重与各类高等院校、中小学合作开设课程，2015 年开设葡语课程达 2922 门次。

日本国际交流基金会、歌德学院在开课形式上不断创新。日本国际交流基金会参照《基金会日语教育标准》，每年在 28 个国家和地区开办长、短期各类语言课程；歌德学院针对不同人群，开设面向成人、青少年的语言课程、各类德语教师培训等课程。如 2015 年专门面向教难民学习德语的教师开设了对外德语教学技能以及职业发展等课程。

二、课程建设目标比较

（一）均重视学历教育课程建设

世界主要语言传播机构大多以推动本国语言纳入对象国国民教育体系为行动目标，通过与教育行政部门签署备忘协议，提高本国语言在对象国教育体系中的地位，总体呈现出相似的特征。近年来，汉语进入各国国民教育体系的国家增多。孔子学院创立之初，仅有英国、韩国、泰国、越南、印尼、马来西亚等国家将汉语纳入本国国民教育体系，在孔子学院十几年的发展带动下，目前已有 60 多个国家通过颁布法令、政令等形式，将汉语教学纳入国民教育体系，170 多个国家开设汉语课程或专业[①]，400 余所孔子学院课程已纳入所在大学学分体系。其他语言传播机构课程建设目标与之相似，卡蒙斯学院致力于将葡萄牙语课程纳入对象国基础教育和中等教育体系，推动葡萄牙语成为欧洲国家中等教育课内选修语言；歌德学院致力于将德语课程纳入对象国教育体系，2016 年已有 9 万多所海外学校的 1340 万人将德语作为必修课程；塞万提斯学院强化与各地公立教育体系的联系，扩大教育体系中的西语教学比重，使各地的学校教育中首次面向儿童开设了西语课程。

---

① 数据来源：孔子学院年度发展报告（2018），第 9 页。

（二）网络课程发展方向略有差异

孔子学院网络课程注重全面覆盖，网络课程全球增长趋势显著，课程网络覆盖范围逐步扩大。截至 2018 年 12 月底，网络孔子学院累计开设各类网络课程 70 多门 2000 多节，总学习人数达 1023 万人。

其他语言传播机构则更加注重在本土化发展过程中的"查缺补漏"，体现目标性和定向性。如歌德学院积极开发远程课程，来填补面授课程空白地区，在西北欧等发展薄弱地区建立本土化学校网络，鼓励当地儿童和青少年学习德语；法语联盟在冰岛雷克雅未克实施了网络远程教学计划 2.0，以填补一些省级高中法语教学的空白。其他机构还通过构建虚拟网络，为不同领域学习者提供定制化在线服务，如英国文化协会提供大规模开放式网络课程，为 20 余万人提供了免费学习英语的机会；世宗学堂的网络课程为方便学习者随时随地自学韩国语，积极开放韩国文化学习课程，促进了学习者对韩国文化的了解。

三、课程体系建设情况比较

（一）善于构建课程建设外部环境

世界主要语言传播机构课程建设视角注重由语言教学向外部环境拓展，扩大课程关联范围，形成有利于语言国际传播的"套餐式"课程建设环境，除"语言教学＋认证""语言＋职业技术教育"外，还拓展"语言＋人文关怀""语言＋生活"等不同类型的套餐课程，教学内容涉及从专业领域到日常语言的多个方面。如法语联盟与马达加斯加政府机构合作开设法国厨师专业技能法语测试课程，塞万提斯学院将常规语言课程与对外西语证书认证绑定，使学习者在课程结束后即可获得具有一定价值的认证资格。

（二）实行"多轨并进"的传播路径

孔子学院课程体系主要体现为"单轨制"的特点，即基于孔子学院课程体系建设直接开展语言国际传播实践，而其他国际语言传播机构大多实行官方教学体系和多种教育支援体系"多轨并进"的课程建设思路，为对象国语言教学提供直接和间接的支持。卡蒙斯学院、法语联盟、日本国际交流基金会等机构均展现了"多轨并进"的传播思路，如卡蒙斯学院 2015 年在 13 个国家设立了官方学前教育、基础教育和中等教育网络，为 1153 家院校开设 2922 个课程，还在美国、加拿大、委内瑞拉、澳大利亚等 4 个国家设立了教育支持网络，为 216 家院校开设了课程；法语联盟除机构内部授课外，还与当地教育培训机构开展教育合作或给予其教育援助，2016 年有 16.2 万人从这类教育援助中获益。日本国际交流基金会在未设立基金会海外事务所的国家，与该国政府、地方当局和教育机构联手开展日语学习推广活动并为其提供资金支持。

第三节　世界主要语言传播机构课程建设的关键要素

一、审视利益相关者需求差异，分层分类施策

首先，区分传播对象，针对不同层次、水平、领域的利益相关者科学施策。语言水平的差异影响语言教育市场需求，高级水平语言学习者注重对语言知识的结构化、系统化掌握，大多选择专业语言类课程、常规文化课程等，中级、低级水平语言学习者注重语言形式的规范与技能的培养，目的性学习动机明显，使初级、中级语言技能类课程、考试培训类课程更具吸引力，一些定制化专门用途类课程也易引起相关领域潜在学习者青睐。法语联盟在中非共和国的分支机构关注到当地学习者由于受到经济危机的影响，外语学习动力不足，出于弥补经济危机对国家教育系统的影响，开设较多法语入门课程，为日常法语、行政法语、办公计算法语等课程积累潜在教学对象。比利时塞万提斯学院基于当地开展外语教育市场需求分析，增开初级入门课程，并对成人班、青少年班和儿童课程进行随时调整。

其次，拓展受众范围，挖掘潜在利益相关者市场，关注特殊群体。特殊群体包括难民、贫民等遭受过国家危难或地域歧视的弱势群体，以及女性、儿童、精英人士等具有区别性特征的特殊人群，分析这些特殊群体的学习特征，引导其提高外语学习动机，可使潜在的语言学习动力转化为实际的语言学习行为。歌德学院认为"语言是社会参与的关键"，为使难民尽快适应异国他乡的新生活，掌握语言能力，弗莱堡、慕尼黑、安曼等地歌德学院新增大量难民专用德语课程，同时培训一批德语教学志愿者，为对难民进行德语教学的外籍德语提供教师培训课程，安曼歌德学院还在约旦境内的难民营和社区中心组织儿童和青少年开展德语阅读活动，参与者与志愿者老师一起读书，通过阅读增加德语学习兴趣。英国文化协会帮助 6 万名被迫迁移的叙利亚难童获得在黎巴嫩接受教育的机会，通过专门的培训项目提升黎巴嫩英语教师的教学能力，同时帮助难民解决社会融入、社会包容与反歧视等问题，满足叙利亚难民的期望与需求。另外，英国文化协会与沃达丰加纳基金会合作，帮助加纳女性提高她们在科技领域的参与度，支持成绩优异但物质条件匮乏的女孩深入学习数学、科技等多种课程。

再次，科学预判利益相关者需求趋势，分析对象国外语教育市场的时势变化，对利益相关者进行综合考量和合理预判，确定课程实施策略。如塞万提斯学院通过运营新型学院项目来满足服务用户需求，针对 Tel Aviv 西班牙犹太裔人群的签证项目，开设新课程，以吸引新服务对象；加拿大法语联盟为了抓住新客户，继续将工作重点放在产品的多样化上，如开设"艺术与休闲之家"课程，将文化活动与法语学习相结合，取得了很好的教学效果。与之相异的是，英国文化协会则致力于在现有受众中建立持久度，在英语教学活动略显疲乏的不利境况下，响应现有学习者的课程需求，并为其量身定制学习课程。

二、加强本土化合作，实现因势利导

世界主要语言传播机构选择与谁合作，用什么方式合作，将会对课程本土化发展产生一定影响。首先，与其他同类教育机构或团体合作，双方的全球网络、各自的职权范围及其活动的互补性构成了合作的基础，将对课程本土化建设产生影响。其次，开展本土化合作，有利于"扎根"本土，加强与当地学校和组织的联系。

首先，推进同类机构优势互补，促进世界主要语言传播机构各分支机构内部开展合作，形成语言传播合力。如孔子学院召开区域性孔子学院发展联席会议，世宗学堂组织全球韩国语教师培训项目等均体现了这一发展思路。此外，法语联盟与法语国家大学机构签署伙伴关系协定，将法语文化引入大学课程体系中，增加法语教学的创造性，开办新的法语培训课程；塞万提斯学院与30余家公立或私立机构开展合作，在西语美洲地区开设约50项不同类别的线上和线下培训课程，并始终保持这一合作路线，使课程体系更加丰富。

其次，联合当地学校和组织，扎根本土。法语联盟与塞万提斯学院积极与本国驻外大使馆合作，实现当地学生数量的显著增长。如2014年，法语联盟考拉克分支机构与法国大使馆签订的安全保卫合作任务合同，支持面向国立预备士官学校学生的专项军事培训，实现学生数量的显著增长；塞万提斯学院与西班牙驻塞尔维亚大使馆积极协作，加强与中小学和大学的联系与互动，使西班牙语顺利进入塞尔维亚教育体系。

三、提高市场发展动能，推进课程本土化发展

世界主要语言传播机构的推动力是外因，可形成外部动力，各机构可以从输出方视角进行课程规划，为课程本土化提供组织保障。而语言输入方自身的力量是内因，是课程本土化发展的内生力，没有内生力的加强，就无法形成合力。由于国际语言传播机构的单方推进力对课程本土化发展的作用是有限的，因此，需通过外因的力量促使内因形成强大动力，发挥内因与外因的协同效应，实现国际语言传播机构的外推力与输入方内生力的对接。

其一，增加外推力。世界主要语言传播机构通过提高课程预算、

设立奖学金等方式增加外部刺激，以扩大输入方语言传播需求，法语联盟哈萨克斯坦阿拉木图分支机构，学习者年增长近10％，成为中亚法语联盟中的一个标杆，这主要源于推进法语课程的合理预算。法语联盟、英国文化协会、卡蒙斯学院、日本国际交流基金会以及孔子学院等均设有不同类别课程的奖学金，如英国文化协会与包含英国天然气、巴克莱银行和图洛石油公司在内的合作伙伴续签了协议，通过奖学金与技能发展培养年轻人。日本国际交流基金会向海外的日本研究学者提供研究奖学金，用于在日本开展研究，在人文与社会科学领域提供短期和长期奖学金，以及博士生奖学金、安倍奖学金等。英国文化协会注重对不同群体的人文关怀，支持25万叙利亚儿童接受正规和非正规教育，关注弱势群体的教育质量。

通过了解当地语言教育市场，实现课程创新，从而增加外推力。塞万提斯学院针对不同国家和地区的实际情况，制定本土化课程实施方案。在荷兰乌得勒支和海牙两地，面对一般语言课程人数下降，而专门用途课程有所增加的市场环境，及时调整专门用途课程以适应社会需求，如推广西班牙的其他官方语言，加泰罗尼亚语、加利西亚语和巴斯克语等语言的入门课程；在巴西，提倡"家庭团购"语言课程，利用"家庭中的西班牙语"宣传活动鼓励两名或更多家庭成员同时在塞万提斯学院报名学习；在悉尼，力求使课程供给多样化，通过数字广告的宣传，使一般语言课程和面向儿童的语言课程数量不断增多，并在参观博物馆，举办音乐节等活动中运用西班牙语进行讲解，通过 Skype、Twitter 等公共社交媒体增加网络西班牙语课程，不断开发适合该地区特征的课程产品。

其二，激发内生力。输入方的内生力是课程本土化发展的内在动力，使输入方出于自身利益考量实施更加积极主动的语言传播行为。一方面，国家教育政策的驱动形成顶层内生力，能有效推动全国性、地区性课程本土化升级，加速国际语言传播机构语言教学进入对象国国民教育体系。如泰国自上而下的汉语传播模式，推动泰国孔子学院发展，使汉语顺利进入泰国国民教育体系，在全世界范围内，截至

2018 年 12 月，已有 60 多个国家通过颁布法令政令等形式，将汉语纳入国民教育体系。另一方面，输入方个体内生力包括个人职业发展、留学与移民、个人兴趣爱好等方面的内在驱动作用。法语联盟针对非洲年轻人职业发展的迫切需求，着力推动对外法语教学，使用数字响应的新型对外法语教学方式，以培养那些在非洲开始变得热门的数字经济领域的职业，使课程体系逐步成熟。生活在土耳其的塞法迪犹太人移民需求旺盛，土耳其塞万提斯学院专门开设针对获取国籍的对外西语证书培训课程"通向塞法迪"，并组织与西班牙宪法和社会文化知识水平测试相关的西班牙文化和社会方面的讲习班等。法语联盟在委内瑞拉的发展顺畅，也是市场发展的结果，由于越来越多的委内瑞拉人有侨居法语区的实际需求，因而选择移民法语相关课程，希望获得法语认证证书的学习者明显增多。日本国际交流基金会 2012 年开展"日语教育机构调查"发现，世界各国学习日语的人数增加，而学习动机则从以往出于留学或工作需要，转变为出于对日本及流行音乐、动漫等日本流行文化的喜爱，鉴于此，日本国际交流基金会语言课程对原有课程进行调整和完善，新课程更注重帮助学习者加深对日本流行文化的认识和理解。

第三章　世界主要语言传播机构师资分类与比较

师资队伍建设是世界主要语言传播机构可持续发展的重要观测点之一。本章基于工作性质、师资来源和教学内容的差异，对世界主要语言传播机构的师资情况进行分类比较，系统分析各个机构师资构成情况，并具体分析不同机构师资培养与师资培训的异同，进而探究影响世界主要语言传播机构师资队伍建设的关键要素。

第一节　世界主要语言传播机构的师资类别

一、按工作性质分类

教师和管理者是世界主要语言传播机构师资的主要构成类型，恰如车之双轮，鸟之双翼，是世界主要语言传播机构发展的核心支撑要素，共同驱动语言传播机构发展。

近年来，世界主要语言传播机构教师与管理者数量均未产生较大幅度变化，但部分机构师资队伍总数差异显著。孔子学院教师与管理者总数居首位，数量达到 4 万人以上，法语联盟次之，2016 年至今总数超过 14000 人，英国文化协会位列第三，教师与管理者总数超过 1万人，歌德学院居第四位，总体人数虽有上下波动，但始终保持在3000 人以上。然而，卡蒙斯学院、日本国际交流基金会、世宗学堂等机构师资总数较少，均未达到 1000 人，其中日本国际交流基金会师资总数为 700 余人，卡蒙斯学院师资总数不足 600 人，且 2017 年稍有减少，数量高低变化不明显，世宗学堂师资总数最低，至 2017 年仅达到 200 余人。

表 3－1　2015—2017 年各机构教师与管理人员总数变化表

单位：人

	孔子学院（课堂）	歌德学院	法语联盟	英国文化协会	卡蒙斯学院	日本国际交流基金会	世宗学堂
2015 年	44000	3500	12500	9624	586	577	72
2016 年	46000	3300	14300	10596	591	777	117
2017 年	46200	3500	14400	10677	583	733	237

教师与管理者总数变化趋势差异明显。孔子学院、法语联盟、英国文化协会师资队伍较为庞大，其人员总数始终处于增长态势，世宗学堂师资队伍总数虽与前三者差距明显，但增长速度快，2015—2017 年教师与管理者总数增长三倍有余。相比之下，歌德学院、卡蒙斯学院和日本国际交流基金会的教师与管理者总数出现上下波动，但波动幅度不大，师资队伍保持较为稳定的发展状态。

世界主要语言传播机构间管理者与教师比例差异较大，其中法语联盟、英国文化协会管理者占员工总数比例较高。法语联盟 2017 年员工总数为 1.44 万，管理者达 5300 人，占员工总数的 36％。管理者中既包括各分支机构主席、校长、项目负责人等，还专门设置区域总代表，由区域内的某位联盟主席兼任，以加强该区域法语联盟间的管理与协作，并且由于非教学类法语联盟[①]数量快速增长，使管理者类别师资数量在 2015—2017 年增长一倍以上。英国文化协会管理者数量占员工总数的比例最高，达到 70％以上，英语作为一门全球性语言，世界各国学习需求旺盛，已成为各国本土化外语教学的重要组成部分，

①非教学类法语联盟，指与相关机构合作，开展各类文化活动的法语联盟。

由各国自主解决。因此，英国文化协会的工作职能更多地集中于提高英国的国际影响力，增加英国与其他国家的国际合作机会，推动文化交流活动的开展等方面。

孔子学院语言教师占大多数，管理者数量相对较少。以2015—2017年为例，孔子学院每年中外专兼职教师人数均达到4万人以上，其中中外方院长及志愿者管理教师约3000余人[①]，管理者人数未超过孔子学院管理人员和教师总数的10％。

二、按师资来源分类

根据师资来源不同，可分为外派教师和本土教师两大类。当地教学需求的不断增长是语言传播机构向国外派遣教师的前提条件。外派教师来源有三，一是母语国高等院校的教师，多数为某一领域具有较高专业水平的专家型教师；二是志愿者教师或实习教师，其中大部分是已经毕业或即将毕业的大学生或硕士生，也包括来自社会招聘的文化或语言教学助理；三是语言传播机构的专职教师，选拔后聘用，成为语言传播机构的内部人力资源。

外派教师数量与分支机构适应当地教学需求紧密相关。一方面，在学习者数量增多而本土教师供给不足的情况下，分支机构往往主动向总部申请，增加外派教师人数，以达到满足本土化教学需求的目的，但不同机构对外派教师的任职要求、工作范围等存在差别。

首先，对外派教师的任职要求存在差别。各机构对外派教师的任职要求略有不同，其差别在于是否持有相关教师资格证书或通过一定等级的教师资格考试。孔子学院、世宗学堂、歌德学院等机构需获得满足教学的教师资格认证，如世宗学堂所有外派教师需持有《韩国语教师证书》，且需至少有一年的韩语教学经历。世宗学堂根据外派教

---

① 一所孔子学院或孔子课堂以2名院长估算，志愿者管理教师主要面向志愿者较多的国家，每年派出约40人。

师的学历背景、工作经验等方面差异，将外派教师划分为 A、B、C、D 四个等级，其中持有证书，相关学科硕士或以上学历，且拥有至少六年（2400 小时）韩语教学经历的教师为最高等级；对文化讲师没有强制性要求，但也要拥有与文化讲座相关学科的学士学位或至少两年教学经验。孔子学院近年来愈加重视对外派教师资格的认证工作，取得《国际汉语教师证书》已成为外派教师的重要遴选条件。而日本国际交流基金会则强调对日语国际传播有积极的态度和行为，如对东南亚国家派出的日语助教，机构总部对外派者的职业背景和教育层次没有过高要求，但是他们需要对日语教育和文化交流有强烈的愿望，能够与当地民众积极互动，并且学习当地语言和文化，了解当地生活方式。

其次，外派教师的工作范围略有不同。一是选派教师到国外分支机构或当地中小学，以及其他组织和语言教育机构中担任语言教师或文化讲师，如孔子学院每年向 100 多个国家派出汉语教师和志愿者，在各分支机构从事教学工作，也有专门面向个别国家高校或中小学派出的教师；日本国际交流基金会每年向海外分支机构派遣日语教育专家和助教，专门向美国派遣年轻的日语教师到小学、初高中任教。二是以教师教育者的身份对本土教师或其他外派志愿者开展教育培训，作为对象国语言教育的引导者和支援者，提供间接教学支持，协助当地开发教材，完善教学体系的构建，以孔子学院、卡蒙斯学院为代表。如孔子学院派出专家和教师，协助南非、坦桑尼亚制定本国汉语教学大纲，支持葡萄牙、法国等国教育部开展的中小学汉语教学；卡蒙斯学院"葡萄牙语作为继承语"的学习计划旨在通过培训学前教育、基础教育和中等教育机构中的葡语教师，为散居的葡语学习者提供支持。这项培训工作由派驻在欧洲和非洲的外派教师完成，卡蒙斯学院还通过安哥拉教育部对教师与技术人员进行培训，选派葡萄牙培训师前往安哥拉教育部省级或中央部门的培训机构提供培训资源，为推动安哥拉共和国教育制度改革与国家领导人员培训计划开展相关工作。三是作为教育管理和教学过程管理者，包括对分支机构实行内部管理，促进分支机构与当地的合作与交流，以及加强与当地社群的联系等，如孔子学院中方院长、法语联盟外派校长、卡蒙斯学院的教学网络协调员等，以及日本国际交流基金会日语助教、世宗学堂的文化实习生等立足社群，对促进分支机构与当地的合作与交流，加强与当地的联系均发挥了重要作用。

另一方面，扩大本土教师数量已成为国际语言传播机构本土化发展的必要途径。国际语言传播机构教师本土化发展，需依靠当地人才的推动作用，扩大本土教师规模。本土教师的来源主要有四个方面：一是国际语言传播机构与国内外高校联合培养出来的语言人才；二是当地学校的在职教师；三是对象国高等院校外语、教育等专业的教学实习生；四是国际语言传播机构在当地聘用的管理人员等。本土教师在加速语言传播本土化进程，提高当地语言教学效果方面拥有天然优势。他们熟悉当地学生的母语和语言学习习惯，其知识背景、生活环境、社会心理以及情感等与学生更为贴近，不存在跨文化交流障碍，在教学过程中能更好地结合本土实际对教学内容进行编写和整理，在本土教育资源的占有和支配方面具有外派教师无法比拟的自身优势。然而，本土教师的劣势和不足也显而易见，作为非母语者，他们对目的语知识的掌握程度，对目的语文化的熟悉了解和领悟程度尚无法达到母语者的能力水平，因此需针对本土教师进行语言知识、文化素养以及教学技能等方面的多角度、多层次、多方位的培训，以发挥本土教师的最大作用，保持本土教师队伍的长久与稳定。

世界主要语言传播机构本土教师缺口均非常明显。目前，大多数机构存在本土教师大量缺乏的现实发展瓶颈，需求不断增长和师资有限供给之间的矛盾越发突出。随着语言国际传播的进一步发展和国际合作的不断加深，这种供需矛盾今后将更加突出。如歌德学院在东南亚、澳大利亚、新西兰等国家和地区，由于缺乏合格的德语教师，使日益增长的语言课程和考试需求无法得到充分满足，招聘和培训本土教师是解决这一状况的重要方法。塞万提斯学院在瑞典的发展环境十分有利，大约五成的中小学生将西班牙语作为第三语言。越来越多的瑞典人经常到西班牙旅游或在西班牙购买房产，然而在民众对西班牙语的兴趣日渐增长的同时也暴露出一些问题，即本土教师缺乏必要的教学技能培训，对外西班牙语教师教学经验不足，难以满足学习者与时俱进的学习需求。塞万提斯学院在德国发展顺利，与西班牙大使馆和柏林的教育参赞处合作开发课程，以弥补培训方面存在的不足，但本土教师仍然十分缺乏。孔子学院注重对本土教师的培养与培训，采取积极措施鼓励本土人才加入汉语国际传播事业中，如设立"外国汉语教师奖学金项目"，招收外国学生来华攻读汉语国际教育专业学位，在海外孔子学院设立核心教师岗位，通过"请进来""派出去"等方式，邀请外国本土汉语教师来华培训，或派专家赴外培训及进行远程教育，但与外派教师数量相比，本土教师的数量仍是屈指可数。

教师专业发展问题成为制约本土教师规模扩大的瓶颈。扩大本土教师数量，提高本土教师质量是世界主要语言传播机构教师本土化发展的核心要义。为避免盲目扩大数量、急于提高质量，世界主要语言传播机构应根据本土教师的从业方向为师资本土化发展赋能。一方面，要认识到机构内本土教师队伍建设是一个长期的过程，世界主要语言传播机构通过专业化"培养"或从目标群体中"选拔"聘用到机构内就职的本土教师，往往培养周期长，专业性强，但上岗后工作持久性不强，导致世界主要语言传播机构用力多而收效微。这些在机构内就职的本土教师，容易因社会经济环境的影响或个人追求的变化而离开工作岗位，造成本土教师的严重缺失。如古巴的法语联盟学习者人数不断增加，但因为受到旅游业等盈利性更高的行业竞争影响，法语联盟很难留住教师；孔子学院虽然每年培养数千名汉语国际教育硕士生，但在岗"汉硕"本土教师人数仅为100人，在美国、英国、德国等国孔子学院设立的核心教师岗位，仅聘用到45名本土教师。

需努力探索适应当地的本土师资队伍建设路径。本土教师是世界主要语言传播机构师资本土化发展的重要组成部分，各个机构都在积极探索如何建设适应当地需求的本土教师队伍，实行"培养"和"培训"的"双培"型本土教师培养路径，同时挖掘机构外部当地高等教育、中等教育、基础教育和职业教育等本土教师资源，共同聚力于双培体系的广度和深度，形成顺应本土化的"撒网式"发展。如塞万提斯学院为提高在爱丁堡和格拉斯哥的知名度，扩大潜在教师资源，与大使馆教育参赞处共同开办远程授课的西班牙语课程，为苏格兰的中小学教师提供西班牙语学习机会。机构外的本土教师大多在国家教育体系内工作，工作性质稳定，易形成更加完整且稳固的合作网络，促进语言传播机构培训体系的优化和完善，为语言传播机构教师本土化提供了更为广阔的发展空间。

三、按教学内容分类

根据教师授课内容差异，世界主要语言传播机构的教师主要分为两大类：一是语言教师岗位，二是文化类教师岗位，其中以语言教师岗位为主。孔子学院、法语联盟的语言教师人数最多，以 2015—2017 年为例，孔子学院总部每年派出教师及志愿者总人数达 1 万余人，主要从事汉语教学工作。法语联盟教师人数从 2015 年的 7900 人增加到 2017 年的 9100 人，主要承担法语课程及各类企业内部法语培训课程。此外，卡蒙斯学院葡萄牙语教师人数达 1500 多人，其中包括派往海外分支机构承担葡萄牙语教学工作数十名语言专家和 500 余名合同制教师，以及近千名派往国民教育系统内中小学任教的葡萄牙语教师。

文化类教师岗位的设置，以日本国际交流基金会、韩国世宗学堂最为典型。日本国际交流基金会面向中国和东盟各国招募母语为日语，有志于从事日语传播的日本人，在各国初高中担任助教，讲解日本文化，并协助开展日语教学，外派人数由 2014 年的 100 人增加到 2017 年的 591 人。世宗学堂注重宣传韩国流行文化，选派文化专家和文化实习生，在世宗学堂开设文化讲座和韩国文化课程，促进韩语及韩国文化传播，3 年间文化类教师人数逐步递增。2017 年文化类教师与语言教师数量基本持平，总数超过 100 人。

虽然其他语言传播机构未设置专门的文化类教师岗位，但一些从事语言教学的教师也承担一定的文化课程。如孔子学院总部每年派遣的汉语教师志愿者，既教授汉语又为当地学习者开设丰富多彩的文化类课程。

第二节 孔子学院与其他语言传播机构师资培养情况比较

一、孔子学院师资培养情况

孔子学院师资培养主要通过"借力型"和"助力型"两种培养模式实现，而不直接承担师资培养工作。"借力型"培养模式，指孔子学院善于顺势而为，借力而行，借国内高校本、硕、博一体化的汉语国际教育人才培养体系之力，为汉语国际传播提供师资数量的储备。"助力型"培养模式，是指基于顶层设计，对国际汉语教师培养提出宏观规划，助推各国本土师资的国际化联合培养，在人力、物力资源上为师资培养提供帮助，或以奖学金的形式给予资金支持。

（一）"借力型"培养模式

孔子学院借力于国内高等院校汉语国际教育人才培养体系，尤其注重发挥汉语国际教育专业硕士人才资源优势，担当师资本土化发展的操盘手，探索开发本土化师资培养和队伍建设的新路径。我国汉语国际教育本科[①]专业正式设于 1985 年。2007 年批准建立汉语国际教育硕士专业学位，随后多所高校相继设置博士专业学位。2018 年进一步

---

①早期专业名称为"对外汉语"或"对外汉语教学"。

启动教育博士专业学位汉语国际教育领域研究生的招生工作，使汉语国际教育人才培养体系更加完备。"借力型"培养模式的具体措施主要表现在三个方面。

首先，依托国内高校招收外国留学生来华攻读汉语国际教育专业本科、硕士学位和博士学位，鼓励其毕业后回国担任汉语教师。如2012年665名汉语国际教育专业硕士毕业生中有293人回国担任了汉语教师；2014年面向亚非国家新增"汉语国际教育本科"项目，录取新生来华攻读学位者达135名；2016年，招收26个国家72名中外合作培养及来华攻读学位博士生。

其次，主动适应海外需求，创新汉语国际教育专业硕士培养模式，在国内高校新设"一学年＋汉语国际教育专业硕士"项目，向汉语教学薄弱的非洲和拉美地区有志于从事汉语教学工作的孔子学院学员提供支持。

再次，联合高校把好师资培养的"入口"关，保证汉语国际教育硕士培养质量，并解决本土化人才"出口"问题。如从2013年起，面向汉语国际教育专业硕士外国留学生招聘本土汉语教师，首批选拔30名优秀毕业生直接派往孔子学院任教。

（二）"助力型"培养模式

孔子学院为各国和地区本土化师资的培养提供助力。本土化师资既包括本土师资又包括非本土师资。师资本土化发展需扎根本土，贴近当地教育市场师资需求，其关键在于本土教师培养。

本土汉语教师的培养可实行域内培养或域外培养，两者各有利弊，在中国域内教育环境下，良好的目的语环境、系统化的汉语国际教育体系，以及国内高校丰富的教学资源，可为各国本土教师的成长提供充分条件，但在培养效果上，域外本土教育环境更具天然优势。基于这一发展思路，孔子学院积极推动其他国家高校建立汉语师范专业，积极开展国际教育合作，定向培养本土汉语师资，逐步形成国际、国内双轨推进的本土化师资联合培养模式。如2006年与美国、韩国、德国等国家签订语言教学合作或意向书，2007 年与美国两所大学初步达成合作建设汉语师范专业协议，2008 年在美国、加拿大正式开班开展教学，到 2013 年已与美、英、德、蒙古、坦桑尼亚等 8 个国家的 10 所高校建立汉语师范专业，至 2018 年合作院校已增加到 10 个国家 15 所大学。据图 3-1 可知，孔子学院与国外高校共建师范专业的规模变化不显著，其中国别发展变化不大，6 年内国家数量从 8 个增加到 10 个，但合作高校数量均有小幅提升。

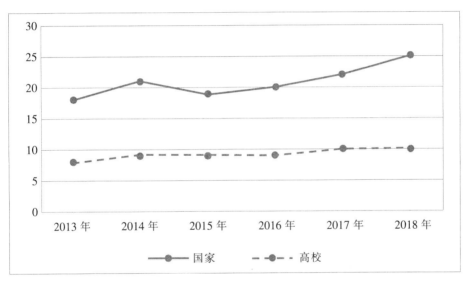

图 3-1　孔子学院助力其他国家高校建立师范专业发展情况

为扩大本土教师培养规模，孔子学院于 2009 年开始设立孔子学院奖学金，并于当年资助 112 个国家和地区 4100 多人来华学习汉语。2009 年至 2018 年的十年间，共有 163 个国家 4.5 万余名学生获得各类孔子学院奖学金。① 以 2012—2017 年数据为例，奖学金生总数呈逐年增多趋势，但奖学金新生年度增长幅度较为缓慢（见图 3-2）。

---

①数据来源：孔子学院年度发展报告（2018），第 34 页。

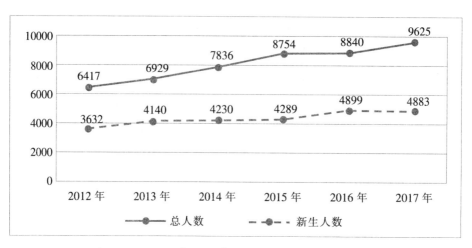

图 3－2　孔子学院奖学金生总数和历年新生数量

孔子学院 2009 年起扩大培养外国本土教师规模。在孔子学院奖学金中，专门设有面向海外汉语教师的"外国汉语教师奖学金"项目，并于当年招收 50 个国家 1021 名外国学生来华攻读汉语国际教育专业硕士学位或进修汉语教学课程。① 奖学金生源中虽有来自海外的在职本土汉语教师，但数量少、对学历要求不高，与其他奖学金生数量相比更显得微乎其微。据 2014—2017 孔子学院年度报告统计，孔子学院在职本土汉语教师奖学金生数仅为 100 余人，且在职教师奖学金生数量呈波动性减少趋势，在职本土教师中考取汉语国际教育硕士人数逐年减少。（见表 3－2）

表 3－2　孔子学院在职教师奖学金生数量

单位：人

年　　份	2014 年	2015 年	2016 年	2017 年
在职教师奖学金生	167	166	175	144
考取汉语国际教育硕士人数	122	119	99	85

①数据来源：孔子学院年度发展报告（2009），第 22 页。

此外，孔子学院为人才培养升级扩容，助力本土教师专业发展，实施"汉教英雄会"夏令营、实行"孔子新汉学"计划等项目，将师资培养嵌入品牌项目和部分文化活动中。

二、其他语言传播机构师资培养情况

其一，因地制宜开展教育合作。其他语言传播机构大多实行"一国一策"或"一地一策"的方法，针对所在国家或地区语言国际传播实际状况，与当地大学合作或联合国内教育资源，面向有志于语言国际传播的人群开设硕士、博士学位课程，利用线上、线下多种媒介进行培养。如塞万提斯学院在桑坦德合办两个官方硕士学位课程，一是与梅南德斯·佩拉尤国际大学合办的全日制线下硕士课程，二是与国家远程教育大学合办的线上教学硕士课程。

其二，体现兼容并包的培养理念。师资培养不限于与语言、教育密切关联的学科，而是以语言、教育学科为主，扩大目标群体专业范围。这些语言传播机构能够支持多学科、多领域人才，为其提供海外实习机会，使校园与职场实现国际化接轨，以适应海外教学和国际语言传播机构本土化发展需要。如歌德学院实施"学校！"（SCHULWÄRTS!）见习生派遣项目，将有志于从事德语国际传播的准教师送往海外伙伴学校开展实习工作，拥有任何课程学位的学生均可报名参加。日本国际交流基金会自 2009 年以来与日本开设日语教育的大学合作，主修此专业的本科生被派往国外实习，从而更好地熟悉国外教学环境，以便适应未来日语教学需要。

第三节　世界主要语言传播机构
师资培训状况比较分析

师资培训是国际语言传播机构为聘用的教师和管理者提供继续学

习的机会，以提高专业能力和职业竞争力，改善教学质量，更好地为语言国际传播服务。世界主要语言传播机构的师资培训类型，需从多个维度进行考量。根据入职情况，分为职前培训和职中培训；根据培训次数，分为初次培训、再培训和继续培训等；按培训课程的难易程度，可分为入门培训课程和提高课程；根据培训时间，有全日制、非全日制培训及长、短期培训等；根据培训地点的差异，可分为国内培训及在不同国家的落地培训；在培训形式上，分为线上远程培训和线下培训两类。

一、孔子学院师资培训情况与特点

（一）培训类型多样，体现"五多"特点

孔子学院师资培训由孔子学院总部统筹规划，以短期培训为主，依据培训对象的不同，实现行前培训与岗中培训相结合、实地培训与远程培训相补充、全员培训与专门培训相融合的师资培训模式，呈现出多空间、多层次、多媒介、多主题及多元合作的"五多"特点。

1. 多空间

依托国内高校和汉语国际推广中小学基地开展培训。首先，以"请进来"的方式组织本土汉语教师来华培训，同时对外派师资开展短期性、系统化的职前培训。自 2008 年起，在国内建立 10 个汉语国际推广基地和 105 个汉语国际推广中小学基地，每年培训孔子学院院长、教师、志愿者以及外国本土汉语教师，开展各类汉语国际推广项目，为各国孔子学院可持续发展提供有力支撑（见图 3-3）。其次，立足于各个国家和地区本土教育资源，以"走出去"的方式在各国孔子学院举办汉语教师短期培训班，或以当地孔子学院教育资源为依托开展培训，满足孔子学院及各国中小学汉语教学本土化发展的实际需要。

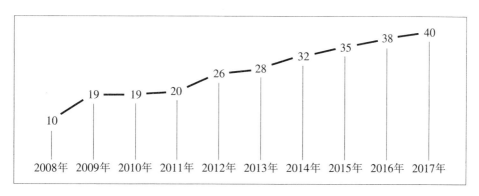

图 3-3 汉语国际推广基地数量变化

2. 多层次

孔子学院师资培训包括专门培训和全员培训两类。专门培训指针对不同对象展开的培训，有针对管理层的中外方院长的岗位技能培训，针对外派教师、志愿者以及本土汉语教师的教学实践层的培训，以及针对汉语国际教育师资培养院校任课教师的培训，针对外派储备师资的培训等。全员培训指孔子学院总部按照派出计划，针对不同层次的师资进行统一培训。

3. 多媒介

孔子学院积极利用网络孔子学院平台开展远程师资培训，探索"互联网＋"的汉语国际教育师资培训新形式，并以此为基础，开发完成与师资培训相关的辅助性教学资源。如制定并逐步修订《国际汉语教师培训大纲》《汉语教师志愿者培训大纲》，建立志愿者在线培训网站，实现资源共享，开发完成"汉语教师志愿者培训评估平台"等，有效地促进了孔子学院师资本土化在线培训和线下培训之间的有机结合。

4. 多主题

培训内容主题丰富，涵盖语言教学、文化传播、岗位技能、小语种及他国文化等多项内容，其中以汉语作为第二语言教学为主题的培训居多。在集中培训中涉及多类主题，此外，还针对不同的培训对象开展专项培训，以突出岗位针对性。其中，以语言教学为主题内容的专项培训，主要包括将汉语作为第二语言教学法培训和教材使用培训两方面内容。孔子学院多次组织本土汉语教师来华参加教材使用培训，举办"汉语作为第二语言教学"课程研修班，面向汉语国际教育硕士培养院校开展汉语作为第二语言的教学法专题培训，等等。此外，也多次开展以文化传播、岗位技能，以及非英小语种及他国文化为主题的专项培训。2009年，孔子学院院长研修班邀请著名学者就儒家学说、天人合一思想、汉字的起源与演变及中外语言文化交流史等，邀请8位先进孔子学院院长用案例教学方式，对与会院长开展岗位技能培训；开展一年制小语种培训，培养非英语汉语教师。在2008年培训的基础上，2009年扩大培训规模，从回国志愿者、应届毕业生、在职教师中选拔800人，在国内高校进行为期1年的西班牙语、德语、法语等12个语种的培训，受训后的学员赴各国孔子学院或大中小学任教；2011年，举办"中华文化与传播"课程研修班，有40名汉语国际教育硕士培养院校教师参加。

5. 多元合作

孔子学院创新师资培训渠道，扎根国内，放眼国际，探索学术研究与教学研修相融合的多元合作模式，推动了孔子学院师资本土化发展进程。合作途径主要包括三个方面：一是利用国际会议平台获得高层次专家的学术支持。孔子学院通过亚洲、欧洲、拉美地区联席会议等平台征求专家意见，对《国际汉语教师标准》和《国际汉语教师培训大纲》进行修订和完善。二是联合海外中资企业，扩大师资培训领域。如为提高安哥拉本土汉语教师教学水平，孔子学院与中信建设集团合作开办中文教师培训班。三是开展国内国际合作，建立汉语教师培训中心。孔子学院总部与澳大利亚维州教育部签署了合作建设维州汉语教师培训中心的执行协议；与澳门理工学院合作成立"国际汉语教师澳门培训中心"，举办首期葡语及葡语国家社会文化知识培训班；为加强对现有教师的培训，与美国亚利桑那大学孔子学院、美国俄亥俄州立大学孔子学院合作举办汉语教学法培训班等。

（二）培训目标与时俱进，愈显本土化方向

孔子学院建立以来，师资培训始终是孔子学院各项工作中的重要内容，师资培训目标也不断由最初的"普适性""标准化"向"针对性""本土化"方向发展，培训目标和培训理念与时俱进，具体表现在五个方面。

其一，对在职本土教师的培训愈加受到重视，尤其注重扩大各国中小学汉语教师培训规模，推动各国孔子学院开展特色鲜明的培训。

其二，对本土教师后备人才的进修和培训工作正在逐步推进，孔子学院通过发放面向在职本土汉语教师的专项奖学金、参与国际交流项目等方式招收外国大学生来华进修。

其三，加强面向汉语教师和志愿者开展的赴外培训的针对性，在提高派出人员适应当地社会的外语能力、跨文化交际能力等方面开展专门培训。

其四，师资培训体系不断优化，行前培训的核心作用逐步降低，到岗培训受到重视。

其五，师资培训标准不断更新、与时俱进，重视海外本土专家、教师和教学管理者的意见和建议，以汉语国际传播在不同国家和地区的发展实践为基础适时调整培训标准和培训策略。

（三）培训对象从集合化向专门化过渡

1. 对中外方院长的培训

对中外方院长的培训可划分为初始期和发展强化期。其中，初始期培训体现为集合化和统一化，具有"嵌入式"特点。如 2009 年将孔子学院院长研修班嵌入第四届孔子学院大会，会议后邀请著名学者讲学，同时邀请先进孔子学院院长用案例教学方式，对与会院长开展岗位技能培训。自 2013 年起，对中外方院长的培训进入发展加强期，孔子学院更加重视中方院长的选拔，开始举办专门的中方院长岗前培训班。2014 年孔子学院院长学院正式揭牌。

2. 对外派教师和志愿者的培训

孔子学院对外派教师和志愿者的培训工作由最初的针对全部外派人员开展集中化培训，逐步向专门培训过渡，近年来更加重视针对师资的不同任职阶段开展专门培训，如行前集中培训、国外上岗或岗中培训等，外派教师培训以行前集中培训为主，对外派志愿者的培训包括行前培训、上岗前培训、岗中培训等多种类型。孔子学院于 2009 年首次面向全国组织大规模志愿者招募活动，并持续开展志愿者集中培训，扩大在岗师资培训规模。据图 3-4 可知，2012—2013 年，孔子学院总部注重对志愿者的行前集中培训，从 2015 年起，对志愿者的到岗培训或岗中培训期数明显增多，行前集中培训相对压缩（见表 3-3）。可见，孔子学院近些年来在保持行前集中培训发展稳定的前提下，逐步增加了到岗培训或岗中培训的比重，足以看出其对本土环境下师资队伍建设和师资教学水平的重视。

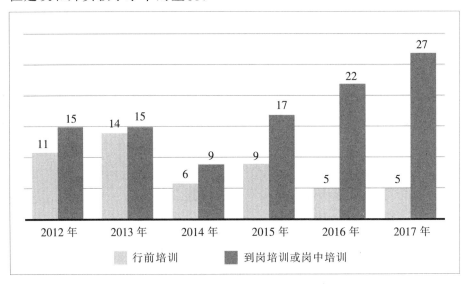

图 3-4　2012—2017 年志愿者培训状况（单位：期）

表 3-3　2015—2017 年孔子学院举办志愿者培训的受训人数

单位：人

年份	行前培训	到岗培训或岗中培训
2015 年	4799	4775
2016 年	4643	5465
2017 年	5175	6328

　　此外，针对志愿者的培训和管理也是孔子学院的重要工作之一。为提高志愿者培训效率，孔子学院总部对志愿者培训标准进行多次修订。2009 年，为加强志愿者培训力度和岗位针对性，修订《汉语教师志愿者培训大纲》；2013 年颁布《汉语教师志愿者培训管理规定》加强志愿者的培训管理；2018 年继续优化志愿者培训管理，进一步修订《汉语教师志愿者培训大纲》。孔子学院积极探索线上、线下的高效结合，实现"互联网＋"志愿者培训管理。2010 年编辑制作《志愿者之家——汉语教师志愿者通讯》电子杂志，建立志愿者在线培训网站，推动资源共享；2015 年优化志愿者项目在线管理，实现线上培训和指导。此外，实施志愿者培训制度改革，优化培训模式。2011 年孔子学院制定《关于加强案例教学，提高志愿者培训针对性的措施》，在加强案例教学、增加教学实践课、建立课程选修和免修机制、研制培训大纲实施细则、国内国外培训相结合等方面实行改革。

　　3. 对本土汉语教师的培训

　　本土汉语教师是孔子学院师资队伍的重要组成部分，本土汉语教师数量的增多和质量的提高是孔子学院师资本土化发展的重要体现，孔子学院通过"请进来""走出去"及远程教育方式开展本土汉语教师培训，主要表现在以下两个方面。

　　（1）来华培训与在地培训相结合

　　组织海外本土汉语教师来华培训，是孔子学院师资本土化建设的重要手段，中国国内充足的教育资源为海外本土汉语教师培训提供了有利条件。培训对象包括海外孔子学院和各国中小学在职本土汉语教师，以及中文专业大学生和有意从事汉语教学工作的教学储备人员。近年来，孔子学院重视对本土汉语教师的在地培训，充分发挥各国孔子学院教学能动性，同时组织专家团组赴海外孔子学院进行专业指导和培训，使本土汉语教师培训规模增长显著。2010 年各国孔子学院举办汉语教师短期班规模达 1.2 万余人，2013 年已接近 4 万人，2017 年通过多种途径培训本土汉语教师总数达 11 万余人次。

（2）举办针对性强的专项培训

2010—2012 年，孔子学院面向本土汉语教师举办教材使用培训，2010 年组织 2500 多名本土汉语教师来华参加集中培训，并派出专家分赴 7 个国家开展国外本土教师教材使用巡回培训，海外受训教师达 2520 人次，2011 年加大教材使用培训力度，9600 余名本土汉语教师参加培训，2012 年参加培训人数达 11500 余名。

4. 对汉语国际教育人才培养院校教师的培训

孔子学院总部面向汉语国际教育硕士培养院校教师及汉语国际推广中小学基地的教师开展"教学法""中华文化与传播"等多个专题的师资培训活动。2009 年，孔子学院总部与美国亚利桑那大学孔子学院、美国俄亥俄州立大学孔子学院合作举办汉语教学法培训班，100 多名教师接受培训；2010 年举办"汉语作为第二语言教学法研习班"，60 名汉语国际教育硕士培养院校教师参加培训；2012 年举办"汉语作为第二语言教学"课程研修班，继续实施汉语国际教育专业硕士任课教师全员培训。

二、其他语言传播机构师资培训情况与特点

（一）培训类型多样，分支机构自主性强

其他语言传播机构师资培训类型的多样化，一方面取决于不同机构的师资培训着力点的差异，另一方面由于不同分支机构具有较强的自主性，能够根据当地师资本土化实际需求开展培训，具体表现在三个方面。

首先，不同语言传播机构的师资培训重点对象有差异。世宗学堂重视基于教师培训经历开展外派教师的培训和再培训，以增强师资本土化教学能力。卡蒙斯学院和塞万提斯学院则更是针对新从业教师、已受训教师、具有相关经验和学习新技能的教师等的不同需求，开展入门级、强化级等不同类型的培训。卡蒙斯学院 2015 年对 3704 名将葡萄牙语作为外语的教师进行了入门培训，对 3948 名将葡萄牙语作为

继承语和第二语言的教师进行了深入培训。

其次，分支机构师资培训的自主性强。阿尔卡拉塞万提斯学院针对 ELE 教师进行了为期一周的密集培训，日本国际交流基金会面向不同的海外日语教师实行长期的或短期的培训计划，如 2017—2018 年度对来自 27 个国家 701 名教师的 40 名教师开展长期培训，对 35 个国家或地区的 70 名教师开展了短期培训。

再次，线上远程培训成为未来发展趋势。培训形式以线下为主，而远程培训以其低廉的成本和组织的灵活性越来越受到重视。如法语联盟美国分部通过建立虚拟会议室，让教师从远程学习中受益；卡蒙斯学院虚拟中心对教师开始 7 个课程 11 种版本的远程培训，参与者中既有卡蒙斯学院教学体系内部教师，又包括机构外部体系的教师；塞万提斯学院规划设计出多样化的在线培训课程，计划扩大远程课程数量，实现初级教师入门培训课程的全覆盖；英国文化协会为教师提供在线自主培训课程，促进教师专业发展。孔子学院 2018 年启动"互联网＋汉语国际教育师资培训平台"研发工作，通过网络孔子学院平台开展国际汉语教师远程培训已成为未来发展趋势。

（二）培训目标体现个人与社会发展的双重视角

其他语言传播机构师资的培训目标，多基于个人发展和社会发展的双重视角，自教学内部向外部拓展，既满足语言教学发展的需要，也符合教师内心需求，成为自身价值和专业理想得以实现的必然途径，体现人本主义价值取向。各机构总体目标具有趋同性，但具体培训实践则有所偏重。

其一，以改善教学质量，促进语言教学体系发展为目标，体现教育的实践价值。师资培训的直接功能是对以往教学工作的改进以及教师对自身教学能力的反思，改善教学质量已成为所有国际语言传播机构师资培训的核心目标，也是加快本土化教学体系建设的关键之路。以英国文化协会为例，提高课堂教学质量，协助其他国家政府和国际组织进行英语教学质量改革，是英国文化协会的首要目标。为此，英国文化协会创建多样化、持续性的师资本土化发展解决方案，与100多个国家的教育政策制定者合作推广高品质的英语教学政策与实践，推广英国模式，以促进全球英语教学体系的整合与共同发展。

其二，以促进教师认知发展为目标，为其提供更广泛的专业知识和有效的教学技能，体现教育的工具价值。国际语言传播机构通过师资培训，把最新的教学理念、科学有效的教学方法和先进的教育技术"嫁接"到受训教师身上，并给予面对面的或在线的咨询指导，使培训知识能够"复制"到受训教师的知识库中。通过载体的传递和知识的"再生"，嵌入到课堂教学实践中，实现从"拿来主义"到"因地制宜"的转换，教师角色也由"模仿者""采用者"转变为"创造者""探索者"。

其三，以提高师资队伍专业性，增强职业竞争力为目标，体现教育的社会价值。如法语联盟针对本土员工职业化目标，2016年在大洋洲区域范围开展了多个培训项目，为提高师资队伍的业务拓展能力开展了"社交网络发展战略"培训，为提高教师的教学能力和课堂管理能力开展了"课堂多样性和创造力"培训，推动了师资队伍的本土化、专业化发展。

（三）培训对象多样化

1. 对教师的培训

面向新手教师和资深教师分别开展培训。如歌德学院面向1000名新志愿者教师开设对外德语基本教学技能的入门课程，以提高这些新手教师的德语教学方法，更好地帮助难民学习德语；塞万提斯学院面向有丰富经验的教师，提供对外西语证考官、西语虚拟课堂导师、教师培训师等方面的专业培训。此外，针对外派教师和本土教师，聚焦他们知识体系和教学能力的不足，开展以补短板、强弱项为目标的针对性培训。

2. 对管理者的培训

管理者是国际语言传播机构师资队伍的重要组成部分，英国文化协会管理者数量占员工总数的 70％ 以上，法语联盟行政管理者人数超过 5000 人，卡蒙斯学院师资总数不高，但管理者人数接近 30％。针对管理者开展的培训主要有以下特点：其一，举办职前、职中培训课程，或因市场环境的变化开展临时培训，如加拿大蒙克顿法语联盟在当地经济形势下滑的市场环境下，对管理人员开展临时培训。其二，以实习形式开展的培训实践，如法语联盟分支机构校长、教学主管、文化活动负责人等新职员在入职初期，需参加面向新入职实习人员开展的对外法语和教学方法、管理和制度关系、市场营销和客户知识以及财务管理等方面培训。其三，面向具有决策力的学校领导者，或有潜力成为学校管理者的教师开展的培训。如英国文化协会重视学校领导对英语学校教学改革的作用，加强分支机构与世界各地英语学校领导的对话，支持政策制定者制定和实施的学校发展政策，以改善当地的英语教育。2013 年以来英国文化协会实行"连通教室"计划，旨在帮助学校领导将核心技能融入学校课程，为学校领导提供培训模块，将其内置到定制的培训计划中，通过培训形成新的领导方式和更具包容性和参与性的学校管理风格。

3. 对师资培训导师的培训

从培训源头出发，积极开展对师资培训导师的系统培训。通过培训，使职业型、高素质的师资培训导师更具有创新性思维、专业化知识和相关决策能力，推动其设计出更多、更好的培训课程，为受训教师开展针对性、多样化培训。如日本国际交流基金会重视对未来担任领导职务的日语教师进行培训，提高其机构管理能力；塞万提斯学院对西语教学培训师开展专门培训，对课程体系进行总体规划设计，并采取线上与线下相结合的培训方式；英国文化协会为英语教学和其他学科教师培训师提供模块化训练、专门培训材料和系统化的教学服务，为教师教育者提供培训体系框架，加强对教师培训师的储备，等等，在印度和尼泊尔等国，通过开展与政府和其他利益相关者之间的合作，促进教师培训导师的专业发展。（见图 3-5）

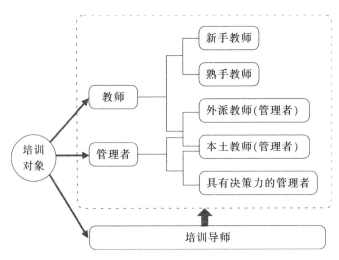

图 3-5　其他语言传播机构师资培训的主要培训对象

第四节　世界主要语言传播机构
师资队伍建设的关键要素

一、提高分支机构师资"双培"自主性

国内外政治经济形势的影响使语言国际传播发展存在不确定性，不同国家的语言传播环境因外语教育政策、市场需求、文化差异等，使国际语言传播机构的分支机构间发展不平衡，而国际语言传播机构在各个国家和地区的分支机构可以迅速对外部环境变化做出反应。因此，需充分发挥各分支机构自主性，在保持师资队伍稳定发展的前提下，根据所在国语言传播发展的实际状况，实施系统"培养"和有效"培训"，调整师资队伍结构，优化选择有利于师资本土化建设的发展措施。如通过开展国际合作，培养合格本土师资，或在当地高校或中小学选拔合格在职教师，作为语言传播机构的储备师资；或在母语国选拔优秀师资，通过在地培训提高外派师资的本土适应能力。需要注

意的是，加强分支机构的自主性，并非鼓励各个分支机构各自为政的发展局面。在本土化过程中应避免盲目性和自由化倾向，优化师资队伍建设资源配置，减少人才成本消耗，这样才能更好地应对语言国际传播过程中的危机、挑战，抢抓发展机遇。

二、激发本土教师的职业发展动力

本土教师数量的增长和能力的提升是世界主要语言传播机构师资本土化的重要指标，解决本土教师职业发展困境，提高本土教师职业发展动力，是保证本土教师队伍的稳定性，实现世界主要语言传播机构师资本土化长效发展的关键。由于受到所在国行业竞争的影响，孔子学院与其他世界主要语言传播机构师资队伍均有较大的流动性，尤其在一些发展中国家，本土教师待遇不佳，多语人才易受到盈利性高的行业吸引而离开教师岗位，导致师资队伍的人才流失。由此可见，工资待遇问题是本土教师职业发展中所面临的现实困境，因本土教师流失所带来的损失是世界主要语言传播机构不可回避并亟待解决的重要问题。因而，提高待遇是增强本土教师职业发展的外部动力；而职业生涯规划则更体现教师自主意识，是推动本土教师职业发展的内部动力。世界主要语言传播机构是本土教师职业发展的实践场所，也是满足教师职业发展需求，提高职业竞争力的重要推动力量。各机构应该为本土教师职业发展提供支持，使教师加强对教学能力的反思，从而促进教师队伍专业化发展。

三、推动师资本土化发展体系建设

师资本土化发展体系建设包括师资选拔、培养培训、评估与认证以及实施对象、实施方式、实施内容等不同方面，师资本土化发展体系的完善是世界主要语言传播机构本土化发展的有力支撑，也是保证语言教学质量提升，实现语言顺利传播的重要保障。

世界主要语言传播机构师资本土化发展体系建设应遵循三个基本原则：其一，先建立再培养，即首先建立师资本土化发展模型，再通过培养培训实现能力进阶。依据世界主要语言传播机构整体规划，结合不同国家和地区语言传播发展状况，应设计科学的师资本土化发展的重要指标和评价标准，形成师资本土化发展的基础发展框架，并以此为牵引选拔合适的人才，将其作为培养培训基准人才，开展有针对性的培养培训。其二，构建整体性的大发展体系，并针对不同对象、不同发展阶段等建立多层次发展体系，形成师资本土化发展体系集群。如建设与完善本土教师培养培训体系、教师教育者认证体系、本土化教学质量评估与激励体系等，使之在统一的指标体系下系统化发展，并贯穿本土化发展全过程。其三，既全面覆盖，又重点突出。师资本土化队伍建设对象多元化，依据对象的差异，全面构建系统化发展体系并逐步加以完善。同时根据当地的现实需求注重某一类师资对本机构本土化发展的核心作用，探索具有个性化、针对性、典型性的师资本土化最优发展路径。

第四章　世界主要语言传播机构
教学资源发展状况比较

　　教学资源是语言国际传播的物质载体，教材是教学资源的核心和基础。随着移动互联网技术、大数据时代的到来，教学资源的指称范围逐渐拓展，除教材、教辅资料、字典、词典等纸本化教学资源外，还包括网络课程、多媒体、网站、智能手机应用程序、博客、数字图书馆、数据库等电子化教学资源。本章将从教学资源的研发、合作与推广三个角度对孔子学院与其他语言传播机构进行整体比较研究，进而探求影响语言传播机构教学资源发展的核心要素，从而为世界主要语言传播机构的教学资源建设提供参考。

第一节　教学资源研发状况比较

　　世界主要语言传播机构教学资源依据功能差异，大体可分为教学类资源和阅读类资源两种类型，其中教学类资源主要包括通用语言教材、专门用途类教材以及教学服务类教学资源。通用语言教材是指面向不同层次社会民众，体现标准化语言教学要求，具有普遍适用性的语言教材，专门用途类语言教材是指面向不同群体，体现不同语言学习目标的专门化语言教材，如面向医护人员的医学类语言教材、面向军队的军事类语言教材等等，教学服务类包括教辅性资源、工具性资源、考试类资源以及教学标准类资源等各类教学资源。阅读类资源主要包括文学类书籍、非教材性质文化读本及其他各类书籍。

一、纸本教学资源研发状况比较

（一）以通用型语言教材为主

1. 推广主干教材，开展多语种翻译和修订

孔子学院建立主干教材资源库，主干教材基数大、版本多，语种多达 80 个，其他国际语言传播机构与之相比，主干教材种类较少，基数较小，语种数量较少。主干语言教材，是指国际语言传播机构根据统一的教学标准组织策划、编写，规划出版，对其他语言教材具有一定指导价值的教材，如孔子学院的《新实用汉语课本》《快乐汉语》等，日本国际交流基金会的《囫囵：日本语言和文化》，世宗学堂的《世宗韩国语》，歌德学院的《新标准德语教程》《交际德语教程》，等等。

孔子学院主干语言教材的多语种研发，主要基于对原教材的翻译或改写，注重不同国家和地区学习者选择的便利性和语言教学的适切性。孔子学院总部自成立之初，始终重视主干（骨干）教材的多语种翻译，2010 年完成《快乐汉语》《汉语乐园》《跟我学汉语》《当代中文》《汉语图解词典》《汉语 800 字》等 9 套主干教材、工具书 45 个语种以及《新实用汉语课本》9 个语种共 1115 个品种的改编、翻译及出版工作。[①] 2015 年初步建立总部主干教材资源库，五年间各类教材和工具书翻译版语种数量从 54 个增加到 80 个，主干教材、工具书以及文化读物等各类教学资源数量从 6643 册增加到 6800 多册。（见表 4－1）

表 4－1　孔子学院主干教材资源库数据统计

年份	2015 年	2016 年	2017 年	2018 年	2019 年
教学资源数量[②]	802 套 6643 册/件（其中教材 6083 册/件）	804 套 6643 册/件	852 套 6691 册/件	6700 多册	6800 多册
语种数量	54 个	64 个	80 个	80 个	80 个

①数据来源：孔子学院年度发展报告（2010）。

②由于孔子学院年度报告统计方式差异，为保证数据真实性，此行数据统计的套数和册数服从历年年度报告原始表达，统计范围包括主干教材、工具书及文化读物。

其他语言传播机构的教材本土化研发各有特色。一是研发普适性强、高质量的主干教材，突出其核心地位，扩大主干教材的使用范围，如日本国际交流基金会的《圆圈：日本语言和文化》，使用范围达50余个国家和地区。二是语言教材修订版的语种选择突出重点，与本机构的顶层设计与发展布局相吻合，如日本国际交流基金会与世宗学堂立足亚洲国家，在亚洲各国建立分支机构的数量均达40％，日本国际交流基金会尤其注重在东南亚地区的发展，建立亚洲发展中心，形成"日、美、东南亚日本研究网络""以亚洲和欧洲为中心的中等教育网"等传播体系，因此，其主干教材的多语种开发则聚焦于亚洲国家语种，开发以《圆圈：日本语言和文化》（以下简称《圆圈》）为基础版本的英语、越南语、印尼语修订版；世宗学堂的《世宗韩国语》及其练习册开发出汉语、越南语、高棉语等不同版本。

2. 多方合作，积极研发本土语言教材

孔子学院与其他语言传播机构本土教材研发具有的共性特点是普遍采用统一的教材编写与评估标准，在科学的指导框架内，依据当地语言教学实际，研发出适合本土教与学需求的语言教材，如塞万提斯学院、歌德学院、法语联盟、卡蒙斯学院等机构的教材研发与测试均遵循欧洲语言共同参考框架（CEFR）标准；日本国际交流基金会推广使用《基金会日语教育标准》，依据此标准编写《圆圈》（*Marugoto*）系列教材；孔子学院加强教材标准建设，编制、修订《国际汉语教学通用课程大纲》，开发《国际汉语教材编写指南》，将其作为各个国家和地区孔子学院本土教材编写的参照标准，支持本土教材研发。

孔子学院本土教材研发受到宏观政策的积极引导，教材本土化发展呈现研发速度快、产量大、覆盖广等三大特点。自2006年孔子学院总部提出"六大转变"到2012年《孔子学院发展规划（2012—2020年）》的发布，原孔子学院总部将"支持各国孔子学院编写本土教材，形成适应幼儿、中小学生到高校学生和社会人士等不同人群、不同层次汉语学习需求的教材和教学资源体系"[1] 作为主要发展任务之一，为各地孔子学院自主研发本土汉语教材提供了政策依据。2011 年第六届孔子学院大会期间，孔子学院展示出 70 余家孔子学院（课堂）开发的 150 多种本土汉语教材，其数量 2012 年增加到 332 种。2014年继续加快教材本土化建设，75 个国家的 225 个孔子学院（课堂）开发了 664 套、884 册本土教材，并建成本土教学资源库，到 2019 年年底，各类本土汉语教材研究成果总数达 3462 种，共 3993 册（见表 4－2）。9 年间，各国孔子学院（课堂）本土汉语教材研发数量增加近五倍，覆盖 126 个国家的 488 个孔子学院（课堂）。

表 4－2　2014—2019 年孔子学院本土教学资源库数据统计

年份	覆盖国家	孔子学院（课堂）	本土教材研发（套）	本土教材研发（册）
2014 年	75 国	225 个	664 套	884 册
2015 年	81 国	293 个	938 套	1225 册
2016 年	109 国	435 个	2150 套	2603 册
2017 年	109 国	435 个	\	2615 册
2018 年	114 国	457 个	\	3119 册
2019 年	126 国	488 个	\	3993 册

其他语言传播机构本土语言教材研发，多从顶层设计出发，在语言传播机构与当地政府、学校合作的基础上，实现教材编写与课程建设、师资培养的结合，其中歌德学院在埃及的发展最为典型。歌德学院首先获得埃及教育部和公立学校的支持，通过研讨会和参观访问，加强埃及教育者与歌德学院的联系与合作，并在后续项目中落实课程的制定及本土教材的研发。又如日本国际交流基金会墨西哥事务部，先后将《圀圙》系列教材引入高中和初中课堂，并对面向大众日语学习者的《圀圙》教材部分内容进行本土修订，其后通过公开课和教学

实践的反复试验与摸索，设计并实施新的课程体系，多方合作最终使《囫囵》系列教材的本土化修订达到理想的教学效果，使之有机会广泛应用于墨西哥日本教育学院的初高中课堂。

（二）专门用途类教材研发视角各异

专门用途类教材种类丰富，由于不同机构教材研发出发点存在差异，表现为以输入方需求和以输出方需求为出发点的不同研发理念，具体可分为以"本我"为主、以"他者"为主以及二者兼有三种类型。

1. 以"本我"为主的专门用途类教材研发

出于"本我"视角的语言传播机构，注重母语国语言文化输出，教材编写理念和类别彰显本国文化优势。如英国文化协会从本国优势出发，从输出方视角为其他国家英语教师和学习者开发以足球为中心的英语教材。自 2007 年以来，该计划已在全球 20 个国家开展。英国文化协会分发出 100 多万种以足球为中心的英语材料，有 2300 多名教练和 40 多万学习者参与学习。

2. 以"他者"为主的专门用途类教材研发

出于"他者"视角的语言传播机构更强调对象国的定向需求，大多满足对象国某一领域语言学习需求。如卡蒙斯学院与东帝汶开展军事技术合作，在东帝汶国立大学实施葡语培训项目，资助开发专项用途葡语教材，在东帝汶民族解放武装部队与东帝汶国防力量军事培训课程中使用，同时编制出第一本以军事题材为背景的教学手册《军事葡语 A1/A2 级》。世宗学堂为满足不同国家和地区韩语学习者的不同需求，聘请国内专家研发新教材。如面向中国学习者开发旅游类韩国语教材，面向越南开发商务类韩国语教材。教材中包含的主题、信息，使学习者能够以口语和听力为中心提高商业沟通技能，对在韩国公司工作感兴趣的学习者能够获得专业化商务术语以及对基本知识的表达方式。

3. "本我"和"他者"兼有考虑的专门用途类教材研发

孔子学院专门用途类教材研发兼有"本我"视角和"他者"视

角，教材品类既反映中国文化特色的"武术""古诗词""中医"类，又能依据本土市场需求，满足当地学习者的目标期待，使教材研发凸显中文教育的本土应用价值。据"孔子学院发展数据库"①2018年孔子学院（课堂）数据统计，孔子学院专门用途类教材研发以"商务""旅游"两大职业领域为主，以"中医""武术""国情""艺术"四大文化类别为辅，兼有其他综合性文化类的"2＋4＋1"模式。其中，"商务""旅游"类教材较多，满足本土学习者职业导向需求，体现教材研发的"他者"视角，而"中医""武术""国情""艺术"四大文化类别的教材则突出中国文化优势，展现中国文化价值，体现出语言教学与文化传播贯彻统一的"本我"视角。（见表4－3）

表4－3　2018年孔子学院(课堂)专门用途类教材使用状况

类别	教材名称	孔子学院(课堂)
商务类	《体验汉语(商务篇)》	意大利罗马大学孔子学院
	《商务汉语情景会话》	塞拉利昂大学孔子学院
	《基础商务汉语》《新丝路商务汉语》	爱尔兰科克大学孔子学院
	强生公司《商务汉语》自编教材	爱尔兰科克大学孔子学院
	《商务汉语》(初级)	韩国东亚大学孔子学院
	美味商务汉语(第2册)	韩国东亚大学孔子学院
	《商务汉语教科书》(自编)	下诺夫哥罗德国立语言大学孔子学院
	《商务汉语》	圣基里尔·麦托迪大学孔子学院
	《经理人汉语》	塞尔维亚贝尔格莱德孔子学院
	《经理人汉语》	昆士兰大学孔子学院
	《商务汉语》	俄罗斯喀山联邦大学孔子学院
	《商务汉语》	厄立特里亚高等教育委员会孔子学院
	《商务汉语》	津巴布韦大学孔子学院

① 数据来源：国家社科基金重大项目"汉语国际传播动态数据库建设及发展监测研究"（项目编号：17ZDA306）子课题"孔子学院数据库建设与发展监测研究"数据库，数据获取时间：2019年8月。

续　表

类别	教材名称	孔子学院（课堂）
商务类	《中国经济概况》（自编）	俄罗斯伊尔库茨克国立大学孔子学院
	《商贸汉语口语》（自编）	俄罗斯伊尔库茨克国立大学孔子学院
	《商务汉语速成》	俄罗斯国立职业师范大学广播孔子学院
	《商务汉语教程》	俄罗斯远东联邦大学孔子学院
	《中国商务文化》	爱沙尼亚塔林大学孔子学院
	《商务汉语一本通》	西班牙萨拉戈萨大学孔子学院
	《体验汉语（商务篇）》	格里菲斯大学旅游孔子学院
	《商务汉语入门——日常交际篇》	西弗吉尼亚州大学孔子学院
	《商务汉语》	泰国宋卡王子大学普吉孔子学院
	《经理人汉语》《经贸汉语》	法国洛林大学孔子学院
	《商务汉语标准教程》	开罗大学孔子学院
	《卓越商务汉语》	乔治·华盛顿大学孔子学院
	《体验汉语（商务篇）》	卢布尔雅那大学孔子学院
	《商务汉语·日常交际篇》	俄罗斯布里亚特国立大学孔子学院
	《商务汉语会话》	国立济州大学商务孔子学院
	《商务汉语》（法语版自编）	法国诺欧商务孔子学院
	《体验汉语（商务篇）》	法兰克福大学孔子学院
	《商务汉语口语》（在编）	海德堡大学孔子学院
	《商贸汉语阅读与表达 2》	夏威夷（马诺亚）大学孔子学院
	《商务汉语一本通》	基辅国立语言大学孔子学院
	《新丝路初级商务汉语》	圣西蒙大学孔子学院
	《商务汉语一本通》	米兰国立大学孔子学院
	《商务汉语》（自编教材）	墨西哥奇瓦瓦自治大学孔子学院
	《商贸汉语》	意大利马切拉塔大学孔子学院
	《初级商务汉语》	拉各斯大学孔子学院
	《商务汉语入门》	英国兰开夏中央大学孔子学院
	《商务汉语》	阿斯基亚中学孔子课堂
	《经理人汉语》	英国兰开夏中央大学孔子学院

类别	教材名称	孔子学院（课堂）
商务类	《物流和国际贸易术语·汉俄对照与翻译实践》	哈尔科夫国立大学孔子学院
	《商务用语500句》(自编)	萨拉热窝大学孔子学院
	《商务汉语》(在编)	里约热内卢天主教大学孔子学院
	《新商务汉语考试》(A)(B)	米兰国立大学孔子学院
旅游类	《体验汉语(旅游篇)》	韩国华山中学孔子课堂
	《旅游汉语》(自编教材)	韩国华山中学孔子课堂
	《体验汉语(旅游篇)》	格里菲斯大学旅游孔子学院
	《导游汉语》	海上丝路·帕那空皇家大学孔子学院
	《导游汉语》	意大利罗马大学孔子学院
	《旅游汉语》《实用旅游汉语》(自编)	泰国宋卡王子大学普吉孔子学院
	《旅游汉语》	塞舌尔大学孔子学院
	《旅游汉语》	津巴布韦大学孔子学院
	《旅游汉语》专项系列教材及巴厘岛中文导游词	哈山努丁大学孔子学院
	《旅游汉语》(自编教材)	布拉戈维申斯克国立师范大学孔子学院
	《旅游汉语》(自编教材)	斯洛文尼亚卢布尔雅那大学孔子学院
	《旅游汉语》(自编教材)	墨西哥奇瓦瓦自治大学孔子学院
	《旅游专业汉语》(自编)	留尼汪孔子学院
	《旅游汉语》自编教材	卢布尔雅那大学孔子学院
	《旅游汉语》	加纳利斯拉斯帕尔马斯大学孔子学院
	《旅游汉语》(在编)	里约热内卢天主教大学孔子学院
	《姐妹城市旅游课本——九江和萨凡纳》	美国萨凡纳州立大学孔子学院
	《玩遍坦桑——旅游汉语教程》(在编)	坦桑尼亚达累斯萨拉姆大学孔子学院
中医类	《中医养生》	爱沙尼亚塔林大学孔子学院
	《中医中文》	开普数学科技学院孔子课堂

续　表

类别	教材名称	孔子学院（课堂）
中医类	《中华养生饮食文化简介》	萨拉热窝大学孔子学院
武术类	《武术汉语》	卢旺达大学教育学院孔子学院
	《汉语手册（汉语+武术）》	阿斯基亚中学孔子课堂
	《武术汉语》	巴马科人文大学孔子学院
	《中华太极拳简易教程》（自编）	萨拉热窝大学孔子学院
	《形意五行拳图说》《太极内功》《形意母拳》	俄罗斯国立职业师范大学广播孔子学院
国情类	《中国国情文化通识读本》	卢旺达大学教育学院孔子学院
	《中国地理》	塔什干国立东方学院孔子学院
	《中国历史》	塔什干国立东方学院孔子学院
	《中国历史概况》	凯拉尼亚大学孔子学院
	《中国社会经济制度》（自编）	俄罗斯伊尔库茨克国立大学孔子学院
	《今日中国》	巴拿马大学孔子学院
	《中国概况》	巴马科人文大学孔子学院
艺术类	《中国书法与文化》	美国克利夫兰州立大学孔子学院
	《中国书法》	巴马科人文大学孔子学院
	《京剧》《民乐》（自编）	纽约州立宾汉顿大学戏曲孔子学院
	《汉字与中国书法欣赏》（自编）	迈阿密达德学院孔子学院
	《中国书法初阶》《中国水墨画初阶》《太极初阶》	美国波特兰州立大学孔子学院
其他类	《中国文化常识》《中国哲学简史》	法国留尼汪孔子学院
	《中国文化欣赏》	法国洛林大学孔子学院
	《中国文化常识》《中国文学选读》《中国文化释疑》	滑铁卢孔子学院
	《中国文化读本》	牛津布鲁克斯大学孔子学院
	《中国文化入门》（自编）	里约热内卢天主教大学孔子学院
	《中国文化全景》	多多马大学孔子学院
	《中国文化初阶》（自编）	迈阿密达德学院孔子学院
	《中国文化概论》	赞比亚大学孔子学院

孔子学院专门用途类本土化教材凸显语言教学"当地化"和"个性化",体现"应一时一地所需而造"与"自给自足"的特点。此类本土化教材虽个性突出,但易存在适用范围窄,且受到编写者主观经验主义影响等问题,缺乏足够的科学性与合理性,使教材质量参差不齐,推广性受到限制。而其他语言传播机构的专门用途类教材虽在研发视角上略有差异,但体系化的教材研发策略使之在某一领域内更具推广性,教材使用效益相对较高。

(三)教辅类资源种类丰富

1. 研发形式多样化

各个机构教辅类资源研发形式存在差异,主要分为过程型资源和成果型资源两大类。过程型资源包括词汇卡、词汇海报、教学视频或插图、教学游戏等各类教学素材资源。此类教辅资源以模块化教学单元为基础,使各级别教学均有对应的模块,为教师教学过程提供必要的辅助和支撑。如世宗学堂根据教材《世宗韩语会话》,开发与其相匹配的词汇卡和词语海报,同时在 Nuri sejong hakdang 网站上提供可免费下载的词汇插图等,作为教师和学习者的辅助材料;卡蒙斯学院制作词汇表和术语数据库,作为会议翻译和口译类语言培训的辅助性教学资源。

成果型教辅资源注重教辅内容的整体性和标准化,为教学全过程提供辅助和指导作用,包括多媒体课件、教学标准类资源、案例库等,孔子学院是这一类型的典型代表。2010 年,孔子学院与中国国际广播电台合作完成 36 个语种多媒体网络课件开发,为汉语教师提供完整性的标准化语言教学素材;2011 年孔子学院启动国际汉语教材标定分析,在对 3300 册国际汉语教材进行汉字、词汇、语法点和文化点定量统计分析后推出《国际汉语教材用字统计》《国际汉语教材用词统计》《国际汉语教材语法点统计》和《国际汉语教材文化点统计》等各类标准化成果;2013 年修订《国际汉语教学通用课程大纲》,加强教材标准建设;2015 年孔子学院建成涵盖 99 个国家的中外文化差异案例库,为海外教师教学提供教学辅助服务和案例参照。

2. 受众各有侧重

受世界各国文化背景和行为方式差异的影响，各机构教辅资源研发还表现出对受众对象的倾向性，研发重点可分为服务于学习者与服务于教师两个方面。开发面向学习者的辅助性学习资源，着眼于学习者对知识的吸收和理解，提高语言传播的工具价值和社会价值。歌德学院和世宗学堂是此类教辅资源研发的典型代表。歌德学院开发德语常用语手册，德国各地的分支机构都可获取，其中的基本词汇便于使用者与陌生人沟通，满足阿拉伯难民抵达德国后生活中的德语使用需求；世宗学堂专门为韩语初学者开发《韩国语语法》系列教辅资源，以解决初学者语言学习过程中的难点，促进学习者对韩语语法的理解。

开发面向教师的辅助性教学资源，着眼于提高语言教师教学质量，满足传播内容需要，促进知识传播的丰富性、准确性和针对性。如卡蒙斯学院面向医护人员开展长期培训，在实践中总结、收集案例素材，制成案例资料手册，使其在针对护理人员、助产士与卫生技术人员的后续培训中发挥指导和借鉴作用。

相比之下，孔子学院教辅类资源研发数量大、种类多，对学习者和教师两类受众均非常重视，但经典教辅类资源仍旧很匮乏，且受众对象模糊不清，使资源的可借鉴性价值大打折扣。一些本土自编教辅类资源，多呈现短期自足的特点，整体规划性不强，不利于长期使用和推广。

3. 考试类资源研发存在差异

语言测试是语言国际传播的重要组成部分，考试类教学资源的本土化发展程度主要取决于语言传播机构语言测试体系的成熟与拓展程度。"全球范围的语言测试通过影响对象国民众的语言生活为某种语言的传播服务。"[1] 因此，不同国家的语言传播机构通过构建国际性语

---

①陆经生，陈旦娜. 语言测试与语言传播：以西班牙语全球传播战略为例 [J]. 外语教学与研究（外国语文双月刊），2016（5）：745-754.

言测试体系来参与语言教育和传播活动，对社会群体语言的选择和使用产生影响。

（1）孔子学院考试类教学资源的研发状况与考生数量基本吻合

孔子学院在世界范围内建设语言测试体系，2010—2019 年的十年间，孔子学院考试体系逐步完善，已涵盖汉语水平考试（HSK）、汉语水平口语考试（HSKK）、中小学生汉语考试（YCT）、商务汉语考试（BCT）、"国际汉语教师证书"考试（CTCSOL）等考试服务项目。截至 2019 年年底，已在全球 152 个国家（地区）设立 1229 个考点，提供网考服务考点达 489 个，考点数量与十年前相比达五倍以上（见图 4-1）。孔子学院针对不同类别考试均有较为明确的教学资源研发体系，由于全球范围内 HSK 考试人数最多，远超其他各个类型的考试，因此 HSK 考试资源种类更为丰富多样，而 BCT、YCT 以及 CTCSOL 等考试资源尚有较大发展空间，考试类教学资源的研发状况与考生数量基本吻合。

图 4-1　2009—2019 年孔子学院各类汉语考试考点数量

（2）其他语言传播机构将考试类资源的研发和推广融入语言测试培训体系中

其他语言传播机构考试类资源的研发和推广路径与孔子学院存在

差异，资源研发、推广大多作为各机构语言测试培训体系的组成部分。如英国文化协会经营来源大部分来自测试认证收入，每年与100余个认证机构合作，[①] 在120余个国家进行英语考试，并为60余个国家提供机考服务，其考试类教学资源一般不作为机构发展的重要项目加以开发推广。西班牙塞万提斯学院在"泛西班牙语"理念推动下扩大对外西班牙语水平认证（DELE）体系的合作范围，现已在全世界拥有1000多个考试中心；歌德学院在多个国家兼有专门的德语考试中心。根据"欧洲共同语言参考框架"（GER）规定开放德语水平认证考试，这些机构往往将考试类资源作为考试培训的辅助材料。

（四）读物类资源共性突出

读物类资源是世界主要语言传播机构开展语言教学和文化传播的重要载体，是非教材性质的信息传播媒介，涵盖语言、文化、经济、科技等多种类别，包括综合性读物与专业性读物、原版读物与多语种译著，原创类读物与改编类读物、历史读物与当代读物等。各个语言传播机构读物类资源开发与出版表现出以下两个突出的共性特点。

1. 重视面向低龄人群的资源开发

近年来，世界各国对儿童和青少年语言教育的普遍性重视，使语言国际传播对象低龄化发展趋势更加显著，"本土化之重点在中小学"[②]，从资源开发到相关文化活动的开展以及各类教育项目的实施，开发面向低龄人群的读物类资源成为各个语言传播机构教学资源本土化发展的重要组成部分。如日本国际交流基金会低龄化读物类资源开发嵌入项目、注重交流，具有典型性。到目前，日本国际交流基金会已持续40余年支持日本书籍的海外出版，通过"乐在分享"好书推介项目，翻译出版日本经典著作。2012年出版的第一卷好书翻译推荐以

①数据来源：西班牙塞万提斯学院官方网站，网址为：https://www.cervantes.es/default.htm.

②张新生，李明芳. 汉语国际教育的终极目标与本土化 [J]. 语言战略研究，2018（6）：25—31.

日本青年生活为主体，入选的书单中有20部与青年人有关；通过"日语搭档"项目选派日语助手，作为日语教师和学生的搭档，在以东盟各国为中心的亚洲中学、高中等地介绍日语课程，推介日本图书，推广日本文化，促进其他国家青少年的对日理解和交流。

2. 突出本国优势，凸显价值导向

世界主要语言传播机构的读物类资源，多从顶层设计出发进行总体把握和全局思考，基于本国语言和优势文化输出需求，突出本国文化优势，凸显价值导向。如卡蒙斯学院与葡萄牙书籍、档案和图书馆总局合作，共同推动葡萄牙语文学作品的翻译和出版，规定所有葡萄牙籍作者及安哥拉、佛得角、几内亚比绍、莫桑比克等以葡萄牙语为官方语言的非洲国家葡语作者均可申请资助。这些措施向全世界推广葡语作家及其文学作品，提高了国际出版市场上葡萄牙语文学作品的知名度。卡蒙斯学院出版的《葡萄牙语新地图集》《葡萄牙语在欧盟的30年》《葡萄牙语的经济潜力》等书籍，也通过其中所呈现的数据资源，展现出葡萄牙语的世界影响，凸显葡萄牙语传播价值。又如，塞万提斯学院注重对经典作家作品的塑造，通过塞万提斯纪念活动，在不同国家和地区开展图书文化推广活动，与世界各国受众一起重温经典文学作品，从而巩固并扩大西语文学的世界影响力，提高西语文化传播价值。与之相比，孔子学院在突出本国文化优势的同时，具有更显著的本土化发展特点，除孔子学院总部研发的各类文化读物外，不同国家和地区的孔子学院依托中国优秀传统文化资源，适应本土传播需求，研发、出版本土中文读物。如费舍尔孔子课堂编写《最美论语》《最美易经》，俄罗斯梁赞国立大学孔子学院中、俄学者合编《唐代诗歌俄译作品选》，德国奥迪英戈尔施塔特孔子学院设立服务于本土的"中德文化交流历史研究项目"，编写并出版项目成果《世界历史第一部汽车》等。

孔子学院读物类资源研发还体现出"立足核心"和"自主创作"的特点。"立足核心"指开发主干类读物，促进教学资源体系完善，如孔子学院总部开发《汉字五千年》《中国蒙学经典故事丛书》《中外文化交流故事丛书》等，成为孔子学院开发的代表性文化读物；"自主创作"指不同国家和地区的孔子学院自主创作开发的低龄读物，具有地区性、个性化特点。如 2017 年法兰克福孔子学院自主创作开发了儿童有声读物《跳跳——来自中国的小精灵》，向当地儿童推广中国历史与文化知识。这一读物的研发旨在配合法兰克福森根堡自然博物馆成立 200 周年，参与创作人员包括孔子学院教师、德国著名配音演员及漫画家，在读物研发的基础上，进一步编写汉语学习辅助阅读教材《跳跳》，以吸引更多德国青少年学习汉语，体现了较为显著的本土化特色。然而，尽管此类自主创作读物视角独特，具有创意，在当地产生较大影响，但纵观世界各地孔子学院本土化读物自主研发状况，此类本土化读物产出率并不高，仅为凤毛麟角。

二、数字化平台与资源建设状况比较

全球价值链（GVC）[①] 时代的教育国际化聚力于数字化更新与变革，以云计算、大数据、区块链、人工智能、虚拟仿真技术以及 5G 网络为代表的信息技术的迅猛发展，为语言国际传播提供了数字化传输渠道，也为教学资源建设提供了新的发展契机。世界银行发布的《2019 世界发展报告》指出：近十年，以人工智能为代表的技术爆炸正在重塑新一轮社会经济格局。2020 年新冠肺炎疫情的大爆发，更加速了语言学习方式发生重大变革，使线上教学平台成为必需，使数字化学习资源获取的便利性、多样性、交互性需求更加显著，推动和促进了国际语言传播机构网络教学平台建设，加速了面向电脑和手机移动终端的 App 应用软件的开发，使国际语言传播机构在时代发展的推动下成为数字化的拥趸。

（一）数字化教学资源建设情况比较

1. 宏观政策引领，顶层设计支持

近年来，多国出台数字化发展战略，通过顶层设计推动多领域的

[①]全球价值链，是指将生产过程分割并分布在不同国家。企业专注于特定环节，不生产整个过程。

数字化变革。日本政府于 2009 年发布《i-Japan 战略 2015》，作为日本中长期信息技术发展目标；韩国政府发布《IT 韩国未来战略》，旨在加大信息产业投入，实现信息产业与其他产业的融合；德国政府于 2013 年提出了"工业 4.0"战略，以充分挖掘信息技术促进工业发展的潜力，2016 年发布"数字化战略 2025"对数字化重点领域的目标进行了描述，提出"在人生各个阶段实现数据化教育"；英国政府于 2009 年 6 月推出了《数字英国》计划，概述了英国未来在互联网与通信广播产业方面广泛的战略规划，2017 年 3 月发布《英国数字化战略》（"UK Digital Strategy"），从数字化基础设置建设、数字化治理、数据经济、网络空间等七大方面设定了明确的发展路径，2018 年英国发布《数字宪章》，为数字经济的发展壮大创造最佳条件，《产业战略：人工智能领域行动》（"Industrial Strategy：Artificial Intelligence Sector Deal"），进一步落实具体的行动措施，以确保英国在人工智能行业的领先地位。中国政府于 2018 年提出"加强新型基础设施建设"，2020 年 3 月中共中央政治局常务委员会召开会议，夯实"新基建"概念，拓展"新基建"外延，意在建立数字化基础上的信息基础设施，利用 5G 技术、人工智能等，为社会发展注入新动能，实现万物互联。

2. 发展目标各有侧重

在数字化教育发展领域，孔子学院政策规划明确，多个文件的出台使数字化教学资源建设得以延伸和细化。孔子学院总部于 2006 年提出"六大转变"，其中"教学方法从纸质教材面授为主向充分利用现代信息技术、多媒体网络教学转变"，引导教学资源建设重心由纸质化向网络化、数字化转变。2012 年中国政府出台《国家中长期教育改革和发展规划纲要（2010—2020）》，提出要加快教育信息基础设施建设，加强优质教育资源开发与应用等，将加快教育信息化进程上升到国家战略高度。2013 年孔子学院总部发布《孔子学院发展规划（2012—2020 年）》，将"实施国际汉语教材工程"和"加强网络孔子学院建设"作为重点发展项目。

卡蒙斯学院数字化覆盖范围最广，涵盖语言教育、文化传播、机构管理、合作等不同领域，并实行针对性的治理措施。卡蒙斯学院将数字化加速发展作为战略优先事项，建立新服务门户网站，从整体上改善卡蒙斯学院在线服务质量，拓展远程访问内容，扩大语言、文化与合作多领域访问范围，增强卡蒙斯学院与受众之间的互动机制。在海外公众葡语课程方面，加强学院数字化课程和学习软件开发，使用信息技术（ICT）教授葡萄牙语和文化，同时重视数字化管理，完善电子文件档案，提高服务效率并加强透明度与问责制。

英国文化协会数字化建设成果最为突出。英国远程教育一直走在世界前列，2013 年创立世界第一个慕课平台"Future Learn"，集结了全世界一流学府和英国知名文化机构课程内容和师资力量；英国文化协会与"Future Learn"合作开设短期在线课程，其他在线课程主要通过英国文化协会"Learn English""Teaching English""Learn English Kids""Learn English Teens"网站及网络社交媒体，面向不同学习对象开设。近年来，通过英国文化协会数字化教学网络和慕课平台参与互动和学习者（Digital social media and learning）人数增长迅速，2014—2015 年度参与者为 2490 万，到 2017—2018 年度增长近一倍，达到 4220 万人。（见图 4-2）

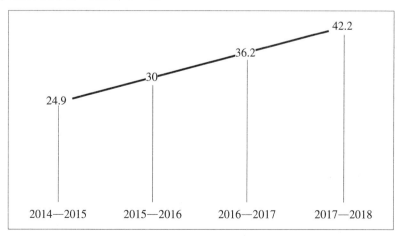

图 4-2　英国文化协会数字社交媒体互动与学习人数变化图（单位：百万）

此外，一些学习者使用网页或下载移动应用程序参与英国文化协会数字化学习（Digital online audience）。通过这一渠道参与学习的学习者总数增长显著，且保持连续增长态势，2014—2015 年度为 1.25亿，2015—2016 年度增至 1.48 亿，2016—2017 年度继续增至 1.62亿，到 2017—2018 年度已增至 1.8 亿。（见图 4-3）

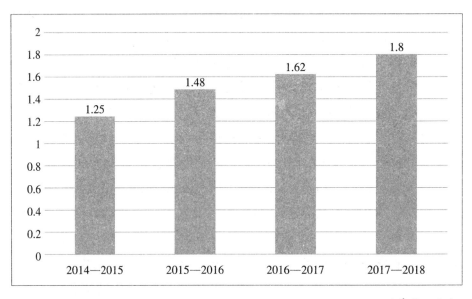

（单位：亿）

图 4-3 英国文化协会网站、移动设备和应用程序在线访问用户数量

（二）数字化教学平台建设情况比较

信息技术的发展使语言教学不再受时空环境的限制，数字化教学平台建设已经成为各个语言传播机构的优先发展战略。各机构以语言学习者和教师为主要服务对象，创建并逐步完善教学门户网站，提供网络慕课、微课、自主学习课件、教学资源库等各类在线教育资源，搭建数字化课程体系，在多个方面展示机构数字化教学产品以及各类服务功能，对于提升机构形象，扩大品牌影响，增强潜在市场的拓展力可以产生积极的推动作用。然而，由于不同机构教学门户网站服务功能的差异性，使数字化平台建设也表现出不同特点。

1. 数字化教学资源平台访问路径差异明显

通过同一搜索引擎对各个语言传播机构进行在线访问发现，不同机构数字化教学资源平台的访问方式差异显著。一些机构的在线教学网站独立性强，主页内容聚合度高，导航结构清晰，可通过链接直接访问，如世宗学堂、塞万提斯学院、网络孔子学院，但三家机构的具体访问路径又有不同。世宗学堂数字化平台拥有三个在线网络，分别为世宗学堂财团管理机构网站、网络世宗学堂以及世宗学堂综合性在线学习资源平台，三个网站各自独立、分工明确，因此，对网络世宗学堂的访问需根据网站功能分类，选择合适的语种进行操作。塞万提斯学院与孔子学院分别拥有各自相对独立的数字教学网络"AVE Global 虚拟课堂"和"网络孔子学院"，访问时可点击网站主页的滚动轮播内容，也可通过文字链接层级进入。

其他语言传播机构的在线教学平台访问路径相对复杂，在其门户网站中教学平台信息未直接加以呈现，网站用户无法迅速搜索到需求内容，使平台信息辨识度稍逊，一些机构网页包含多级目录，需经过多个层级链接才能访问到在线教学平台。其中，英国文化协会和日本国际交流基金会具有相似性，这两家机构的门户网站主页中未设置访问数字化教学平台的直接通路，二者网络教学平台种类多样，但网页层级相对较少，分类细化程度较高。相比之下，法语联盟、卡蒙斯学院、歌德学院数字化教学平台页面层级较多，访问路径最为复杂。如对歌德学院数字化教学平台进行访问，需依次跳转"German Language""German courses and German exams""German courses A1－C2"等多个网页；访问法语联盟的在线教学课程信息需通过"Learn French""In virtual classes"和"Self－training"多个层级才得以呈现；卡蒙斯学院的"远程教育"页面涵盖"线上教学平台""规章制度""课程日期"以及面向葡萄牙语继承语和母语习得的"零距离葡语学习平台"等 8 个模块，每个模块内嵌的介绍性层级较多，使访问难度增大。

表 4－4　世界主要语言传播机构数字化教学平台统计表

语言传播机构名称	教学门户网站网址	数字化教学资源平台网址	类型	语种
孔子学院	http://www.chinesecio.com（网络孔子学院）	https://mooc.chinesecio.com/	课程与教学资源库平台	汉语、英语
歌德学院	https://www.goethe.de/de/index.html	https://www.goethe.de/en/spr/kup/kur/doln.html	学习者课程平台	德语、英语、西班牙语
塞万提斯学院	https://www.cervantes.es/default.htm	https://hispanismo.cervantes.es/	资源库平台	西班牙语
		https://ave.cervantes.es/	学习者课程平台	英语、西班牙语
		https://cfp.cervantes.es/default.htm	教师课程平台	西班牙语
世宗学堂	https://www.sejonghakdang.org/sjcu/home/intro.do	https://www.iksi.or.kr/lms/main/main.do	在线课程平台	韩语、英语、汉语
		http://www.sejonghakdang.org/sjcu/home/main.do	课程与学习资源平台	韩语、英语、汉语、西班牙语
日本国际交流基金会	https://minato-jf.jp/	https://hirogaru-nihongo.jp/en/	视听、阅读类学习资源平台	英语、日语、西班牙语、汉语、泰语、越南语、法语
		https://marugotoweb.jp/	基于"marugoto"教材的课程与教学资源平台	
		http://anime-manga.jp/	动漫日语学习资源平台	
		https://www.erin.jpf.go.jp/	在线课程平台	
		https://nihongo-e-na.com/eng/	学习资源信息平台	
		https://nihongodecarenavi.jp/	医护职业日语学习资源平台	
英国文化协会	https://www.britishcouncil.org/	http://learnenglish.britishcouncil.org/	成人课程与学习资源平台	英语
		https://learnenglishkids.britishcouncil.org/	儿童课程与学习资源平台	
		https://learnenglishteens.britishcouncil.org/	青少年课程与学习资源平台	
卡蒙斯学院	https://www.instituto-camoes.pt/zh/	https://elearning.instituto-camoes.pt/home/	在线学习与教学管理平台	汉语、英语、葡萄牙语、西班牙语
		https://www.portuguesmaisperto.pt/PT.htm	葡语作为母语或继承语的课程和学习资源平台	
法语联盟	http://www.alliancefr.org/index.php	http://www.alliancefr.org/	在线课程平台	英语、法语、西班牙语

2. 数字化教学平台呈现形式及分类方式存在差异

由于各个教学平台承载的教学资源内容不同，数字化教学平台的呈现形式表现为在线课程平台、教材编写平台、案例参考平台等多种类别，其中以在线课程平台为主要形式。日本国际交流基金会和网络孔子学院数字化教学平台内容最为丰富，其中日本国际交流基金会建设多个在线教学网站，包括"エリンが挑戦！"（艾琳的挑战！）在线课程平台、"HIROGARU"视听与阅读类学习资源平台、基于"Marugoto（囫囵）：日本语言与文化"教材的课程与教学资源平台、动漫日语学习资源平台、医护职业日语学习资源平台等；孔子学院自2008年正式开通网络孔子学院后，经过多次改版升级已在逐步完善，逐步建立起多个数字化教学资源平台，包括国际汉语教材编写平台、中外文化差异案例库平台、教学资源案例库资源等。与前二者不同的是，英国文化协会、世宗学堂等机构的数字化教学平台主要根据受众对象的差异进行分类，开发不同的在线教学平台，进行系统化课程体系开发。如英国文化协会面向"成人""青少年""儿童"学习者和"教师"四类受众，分别开发针对性强的英语在线学习平台。

3. 数字化平台的语种数量与分类不同

日本国际交流基金会网站语种数量最多，主页包含7个语种，其次为卡蒙斯学院和世宗学堂，包含4个语种，再次法语联盟和歌德学院，包含3个语种，孔子学院、塞万提斯学院包含英语和本国母语2个语种，最后是英国文化协会，其主页仅提供英语语种。从各机构的网络平台主页的语种选择上，各机构在线教学平台主页均有英语语种选项，凸显英语的国际传播价值以及英语作为国际性语言的霸主地位，其次为西班牙语，除孔子学院和英国文化协会以外，其他机构数字化平台均设有西班牙语网页。相比之下，隶属于欧洲国家的歌德学院与法语联盟、塞万提斯学院数字化平台，在主页中虽未设置专门的汉语网页，但建有专门面向中国学习者的较为独立的网络平台，以便开展语言教学与文化传播等业务。日本国际交流基金会网站主页的语种选项最多，且具有国别倾向性，由于东南亚地区是日本国际交流基金会整体对外传播战略的重要组成部分,因此其数字化平台主页除英语、西班牙语、汉语外,还包括泰语、越南语等东南亚国家语言等。

（三）其他数字化教学资源比较

1. 以课程资源为主,数字化课程供给形式存在差异

课程资源是各个语言传播机构数字化建设的主要成果,尤其在后疫情时代,各个语言传播机构均将原有的线下课程改为线上进行,对网络微课、MOOC 以及在线智慧课堂等各类数字化课程资源的整合、建设与本土化研发起到催化剂的作用,数字化课程的授课形式愈加丰富,基本涵盖直播课、录播课、一对一指导课、自主学习课程等多种形式。

数字化课程类别多样,课程设置导向存在差别。英国文化协会、塞万提斯学院、法语联盟等注重从语言教学本身出发,开发各类数字化课程,在各个国际语言传播机构中,英国文化协会数字化课程体系建设最为完备,不但面向不同年龄的学习者开发具有针对性的语言课程,还为提高学习者语言技能专门开发出听、说、读、写技能在线课程,并为不同语言水平学习者提供语法、词汇等语言要素在线课程;塞万提斯学院注重学习者语言水平与目标需求的耦合,根据欧洲语言共同参考框架（CEFR）标准划分不同级别,开发出从 A1—C1 不同语言水平的各类数字化课程;法语联盟专门开设语法工作坊、口语工作坊等在线课程,根据课程时长与授课方式的不同开发数字化课程,满足学习者的多种在线学习需求。

卡蒙斯学院、世宗学堂与网络孔子学院数字化课程内容的辐射范围更加广泛,注重数字化课程的综合开发。截至 2019 年年底,网络孔子学院在线教学平台共提供汉语学习、汉语考试、中国概况、传统文化、教师培训、职业汉语、专家讲座等 8 大类 143 门 5500 多节慕课、微课[1];卡蒙斯学院提供葡语常规课程、专项课程、教师课程、专业课程等多类别数字化课程,以及面向葡萄牙语习得的继承语课程和葡语母语课程,课程类别更加全面。

---

[1] 数据来源:孔子学院年度发展报告（2019）,第 34 页。

此外，英国文化协会、世宗学堂等语言传播机构的数字化课程，充分考虑不同国家和地区学习者学情差异，数字化在线课程的选择均根据所在洲别、国别具体实施，使数字化课程真正跨越时空界限，实现全球共享和个性化在线服务。为适应世界各国社交媒体流行文化发展趋势，迎合年轻受众语言学习方式的特殊需求，英国文化协会、歌德学院、法语联盟等在 Facebook、Youtubo、Twitter 等社交媒体中进行数字化课程宣传与推介，为学习者提供适应本土化学习需求的各类数字化课程。

2. 数字化资源种类丰富

除数字化课程以外，数字化资源还包括数据库、手机 App、电影及广播电视节目、多媒体课件、数字化游戏程序以及满足不同受众需求的视频、动画片、动漫等多种类型。随着移动通信技术的发展以及学习方式"碎片化"转变，手机 App 的开发普遍受到重视。为满足语言学习者的多元化需求，各机构开发语言学习类、游戏类、生活服务类等多种功能的移动应用程序。如歌德学院开发的手机应用程序种类最多，大都以生活服务类和游戏类为主，关注语言传播与社会生活的关系，体现从满足学习者的实际需求出发以及服务本土化的发展理念。如服务非洲的 Swahili：Weisheit（斯瓦希里语：智慧）应用程序，专门针对难民的"初来乍到"应用程序，针对德语学习的"Lernabenteuer Deutsch—Das Geheimnis der Himmelsscheibe."（学习德语天空的秘密）应用程序，以德语来解决实际问题的"Startklar?!"（准备好了吗?!）等各类语言学习程序工具，还开发出 7 个语种版本的"语言魔术师"游戏，"柏林/慕尼黑－语言学习"游戏，"Mauerspechte"（墙景）手机游戏应用游戏程序等各类通过游戏开展德语学习的应用软件。英国文化协会、世宗学堂与日本国际交流基金会的手机 App 数量比较多，在三家机构的数字化教学平台中，设置了 App 的专门推介网页，并提供 App 的下载链接。在所推介的 App 中，最具代表性的是英国文化协会与阿德曼动画公司合作开发的面向儿童英语学习的"Learning Time with Timmy"（与蒂米的学习时光）系列应用程序，将线上与线下有机结合，实现 App 与纸本教材、电视节目、数字化游戏"全媒体"融合的格局。相比之下，孔子学院开发的手机 App 数量相对较少，尚有较大发展空间。

表4－5　部分语言传播机构网络平台提供的 App

语言传播机构名称	App 名称	类型	特点
英国文化协会	LearnEnglish Grammar (UK Edition)	学习工具	提升语法技能
	LearnEnglish Sounds Right	学习工具	提升英语语音技能
	Johnny Grammar´s Word Challenge	游戏软件	自我英语测试
	LearnEnglish Podcasts	学习工具	英语听力训练
	LearnEnglish GREAT Videos	学习工具	英国文化视频
	Timmy´s First Words in English	儿童学习工具	儿童英语单词学习
	Timmy´s Learning New Skills	儿童学习工具	儿童英语技能学习
	Timmy´s Starting to Read	儿童学习工具	儿童英语阅读学习
	LearnEnglish Kids: Playtime	儿童学习工具	提供可下载的歌曲、故事、游戏
日本国际交流基金会	Kanji Memory Hint 英语版(1/2/3)	学习工具	"汉字"学习与自我测试
	HIRAGANA Memory Hint (英语版/印尼语版/泰语版)	学习工具	"平假名"入门学习与自我测试
	KATAKANA Memory Hint (英语版/印尼语版/泰语版)	学习工具	"片假名"入门学习与自我测试
	Challenge with Erin"Japanese Language Test"	学习工具	通过卡片游戏或者漫画、解答谜题等方式学习日语
世宗学堂	词汇学习 App(初级/中级)	学习工具	由 53 个主题组成，共学习 4700 多个词汇
	会话/发音学习 App(初级)	学习工具	提供情景对话，与卡通人物演绎情景剧、用音调曲线比较发音
	会话/发音学习 App(中级)	学习工具	以《世宗韩国语会话》教材为基础学习韩语会话。通过语音识别技术与母语者的发音进行比较。
	语法学习 App(初级)	学习工具	通过对话、说明、练习题三个阶段提供共 120 个语法项目，与卡通人物一起学习
	语法学习 App(中级 1)	学习工具	通过语法问答和学习游戏，学习 140 多个语法项目
	时事韩国语学习 App(高级)	学习工具	通过新闻报道、电视新闻等时事视频资料，学习 3000 多个高级韩语词汇

　　为加速世界各国语言文化的沟通与了解，各机构积极开发各类电视节目、电影、动画片及各类视频教学资源，但具体发展路径和实施重点略有差异。日本国际交流基金会、世宗学堂和网络孔子学院三家机构通过数字化平台推出各类视频和广播产品，突出文化传播方向，其中日、韩两家机构形式多样，受众对象更加明晰化，网络孔子学院各类视频数量最多，且主要以微课、慕课形式呈现，体现受众普及性特点。以世宗学堂为例，世宗学堂通过语言文化课程与教学资源平台开发动画产品《韩国生活故事》《说说！世界上的世宗学堂故事》《小新郎孔少爷》及《新网络漫画》等针对低龄人群，在传播韩国文化的同时还注重对世宗学堂品牌形象的塑造；开发其他视频产品分为"韩国文化""海外文化""网络剧《请帮我找到她》""旅行社"和韩国流行音乐"K‑pop"多个主题，满足不同人群的选择需求。英国文化协会开发以数字化平台为基础的在线网页，为学习者提供录音、视频在线资源，学习者可在欣赏电影、音乐和生活方式内容的同时提高英语技能，与英国广播公司联合制作电视剧《街头英语》，以及各类广播节目在为非传统观众提供免费英语学习机会，2016—2017 年度，面向英语学习者和教师的广播系列节目听众达 6700 万。歌德学院、卡蒙斯学院、法语联盟等机构通过实施品牌项目，利用电视、电影等不同艺术化产品的表达形式，促进本国语言文化的本土化传播。如法语联盟充分利用法国文化中心开发的"法国电影观看平台"开展数字化传播；歌德学院实施"电影箱子"项目，向难民儿童和年轻受众提供带有阿拉伯语旁白或字母的德国故事片。歌德学院 2015—2016 年将 69 部德国电影翻译成 30 种语言电影字幕，2016—2017 年度继续将 74 部德语电影被翻译成 20 种不同的语言版本。歌德学院通过德国电影促进语言文化传播的本土化发展路径可见一斑。

　　3. 数字图书馆成为各类数字化成果的集成空间

　　建设数字图书馆是近些年来多个国际语言传播机构的重点发展项目。数字图书馆充分利用信息化技术手段，为全球网络用户提供更加全面、有效、便利的多种介质的数字化资源支持，使语言与文化融入更多使用者和学习者的生活空间，为国际语言传播机构的本土化发展服务。将数字图书馆建设成为各类数字化成果的集成空间，是大部分语言传播机构发展的基本思路和重要目标，以塞万提斯学院、卡蒙斯学院、孔子学院为典型代表。塞万提斯学院数字图书馆发展规模最大，目前拥有基于西班牙语教学的各类数字化资源6700余份，资源类型包括MP3、PDF、E - pub和HTML等不同格式的电子图书资源和数据库、参考文献、对外西语教学领域的期刊文章全文以及电子介质的其他文件，为全球网络用户提供电子图书和音频、音乐、讲座和课程等多种介质的查询和下载服务。根据2015—2016年度发展数据统计，学习者对电子图书的借阅和下载不断增加，而其他介质的使用量有所减少。歌德学院和卡蒙斯学院数字图书馆通过互联网实现书目整合，建成为数字化成果存储资源库，发展规模也比较突出。截至2017年，通过歌德学院数字图书馆可阅读13000余本书籍；卡蒙斯学院数字图书馆通过"图书馆网络"应用软件进行数据资源重组，实现各类数字化资源的综合管理，有近3000本图书可供学习者查阅。孔子学院数字图书馆2014年正式上线，采用会员制运营模式，各类数字化教学资源20余万种，但由于数字化平台的网络维护状况，影响了数字化资源的持续推广和使用效率。

第二节　教学资源合作与推广状况比较

一、教学资源合作状况比较

"深化互利合作、谋求互利共赢"是中国国家主席习近平提出的重要思想，在全球化发展中，任何组织和机构都不能置身事外，大数据时代背景下更需搭建合作平台，实现信息共享，共同推动语言国际传播事业发展。孔子学院自成立之初，便积极与世界各国开展交流和合作，孔子学院在"六大转变"中提出，要"从主要靠教育系统推广向系统内外共同推广的转变，从政府行政主导为主向政府推动、加强市场运作的转变"[①] 等内容，也充分体现出孔子学院改革创新、加强合作的发展理念。此外，教育部 2012 年发布的《孔子学院发展规划（2012—2020）》中，也将"坚持中外合作、内生发展"[②] 作为基本发展原则，提出"与国内外出版社密切合作，打造编写、出版和发行一体化的教材供应体系"等多项重要举措。

"以合作促发展"也是其他语言传播机构长期坚持的核心发展理念。英国文化协会定位于"利用英国丰富的文化资源，加强英国民众与其他国家人民之间的合作与理解，互惠互利，互相学习"；卡蒙斯学院的葡语全称为"Camões，Instituto da Cooperação e da Língua"，直译为"卡蒙斯语言与合作学院"，相关合作事务由"合作服务司"专门负责，除了组织与管理葡萄牙语言文化传播活动外，卡蒙斯学院还承担着"提出并执行葡萄牙的合作政策，协调并参与实施与其他公共实体的合作活动"的发展使命。

推动教学资源的共享与合作共建，是世界主要语言传播机构提高效益、增加效率的捷径。然而，由于世界主要语言传播机构教学资源的合作范围、合作领域与合作方式的不同，合作成果的实际效用也存在差异。

（一）国内外的合作与协调

1. 加强国内合作，实现优势联合

世界主要语言传播机构与本国国内不同领域之间开展合作，共同开发教学资源，有助于发挥各自优势，加强技术交流，共同推动本国语言文化国际传播，其中以世宗学堂和英国文化协会最为典型。世宗学堂与阿里郎电视台以制作能够引起外国人兴趣的内容为目的，合作开发视频资源《韩国文化故事》，在世宗学堂数字化教学平台予以发

---

① 数据来源：孔子学院年度发展报告（2006），第 5 页。

② 数据来源：《孔子学院发展规划（2012—2020 年）》，2013 年 2 月 28 日，中华人民共和国教育部网站，网址为：http://www.moe.gov.cn/jyb_xwfb/gzdt_gzdt/s5987/201302/t20130228_148061.html。

布。阿里郎电视台在合作中发挥视频制作的专业性，在精美的视频中展示传统韩国音乐、K－Pop 音乐和韩国美食，使外国受众在感受视觉冲击的同时，加深了对韩国文化的理解。英国文化协会与奥斯卡金像奖获得者、英国著名动画师阿德曼合作，在英国早期基础阶段教育框架下，创造性地将英国文化协会 70 余年儿童英语教学经验与阿德曼动画公司塑造的世界著名动画形象"肖恩绵羊和蒂米"结合起来，开发出面向 2—6 岁儿童的英语学习品牌"肖恩羊和蒂米时间"，为学习者提供系列化的儿童英语学习资源。二者合作伙伴关系的建立是国际语言传播机构与本国企业开展国内合作的典型发展模式。

2. 立足当地需求，推进国际合作

世界主要语言传播机构与其他国家行政部门、企业、学校和组织之间进行教学资源的合作开发，或对其他国家教学资源建设提供国际支持与援助，有助于满足合作双方或多方语言国际传播的利益需求，提高语言国际传播效率，为语言传播机构的本土化发展提供有力支撑。日本国际交流基金会在教学资源建设方面开展的国际合作，具有显著的本土化发展特点，在墨西哥实施将《圆圈：日本语言与文化》(Marugoto) 系列教材引入中学课堂的试点项目，为适应学校教育需要，基金会派遣专家与当地学校教师合作，进行教学试验和探索，设计并实施新的课程体系，最终达到理想标准，为教材的进一步推广和广泛应用提供了可能；在越南，日本国际交流基金会与越南教育培训部合作，支援越南的中等教育阶段的日语教学，派遣日语专家协助课程的开发和教科书制作等。卡蒙斯学院与欧盟国家文化研究所合作开发手机 App；英国文化协会与卢旺达教育部合作制定卢旺达新校长标准；孔子学院每年通过"孔子新汉学计划"为各国从事汉学和中国研究的学生学者、精英人士与优秀青年搭建合作平台，资助中国典籍和现当代作品在海外的翻译出版。上述机构所开展的教学资源国际合作实践均表明，国际语言传播机构都在以实际行动推动各类教学资源的开发与体系建设，国际合作是教学资源本土化发展的有效途径。

由此可见，世界主要语言传播机构教学资源发展可通过开展国内合作与国际合作实现。其中，国内合作开发出的教学资源往往具有更高的传播质量和传播价值，在传播范围上更具普适性，有利于大范围推广使用；通过国际合作开发出的教学资源，更能体现出当地特色，体现出国别特征和地区针对性。

（二）聚焦三大领域开展合作

1. 版权合作

版权合作是教学资源国际合作的重要领域之一，开拓版权输出渠道，搭建版权贸易平台是国际语言传播机构促进教学资源本土化建设的重要发展路径。相比之下，孔子学院版权合作成果较为突出，自 2009 年至今，孔子学院已与国内外多家教材出版机构签署版权输出协议、版权转让协议，达成多项图书出版协议与版权合作意向。（见表 4-6）

表 4-6　孔子学院与国内外出版机构版权合作情况[①]

年度	版权合作情况
2009 年	与德国朗氏出版集团签署《汉语图解词典》德语版版权转让协议； 与高等教育出版社、希腊的 MM Publications 签署《中国文化常识》版权输出协议；与人民教育出版社、澳大利亚远识出版公司签署《跟我学汉语》版权输出协议。
2012 年	通过版权转让，《快乐汉语》《跟我学汉语》《长城汉语》等 8 套教材在英国、西班牙、俄罗斯、澳大利亚、印尼等国出版发行。
2013 年	向俄罗斯、西班牙、日本等 30 国转让教材版权 100 多种。
2014 年	初步建成了包含海外 1000 余家出版机构的信息库；与 83 家国际出版机构进行了意向性洽谈。
2015 年	转让孔子学院总部教材版权 30 余种。
2016 年	与多家出版机构合作开发出版了 HSK、HSKK、YCT、BCT、CTCSOL 考试大纲、真题集、标准教程等考试教材，并与印尼、韩国、日本等国开展图书版权贸易。
2017 年	与日本、韩国、印尼、越南等国出版社开展图书版权贸易。
2019 年	与多家国外出版社达成 60 多个图书出版协议或意向。

①数据来源：孔子学院年度发展报告（2006—2019），其中 2010、2011、2018 等年份的年度报告中未提及版权合作情况。

2. 智力合作

智力合作，指合作双方或多方选派教材编写专家，与本土教师合作开发本土教材或其他教学资源，为当地学校或教育行政部门提供智力支持或技术支持。智力合作是教学资源合作的重要领域之一，有助于发挥教材编写专家和本土教师的各自优势，整合技术手段和智力资源，促进教学资源本土化建设。如日本国际交流基金会为加强日语在越南初等教育阶段的推广，在河内和胡志明市的五所小学试行将日语作为第一外语教育，由基金会越南分支机构的日语专家与河内国家大学下属的外国语大学教师组成团队，在每学年均进行教材编写及修订工作，并开展教师进修培训。

孔子学院开展教学资源智力合作主要体现在汉语教学标准的制定方面，如 2013 年与印度教育部合作，派专家组赴印度制定印度中小学汉语教学大纲，2014 年派专家赴南非协助南非基础教育部制定中小学汉语教学大纲，2015 年派出专家协助南非、坦桑尼亚制定本国汉语教学大纲，2016 年与西班牙、菲律宾等 10 国教育部门合作研发本土教学大纲。此外，孔子学院还积极建设数字化国际汉语教材编写平台，鼓励各国孔子学院中方教师和本土教师合作编写本土汉语教材和工具书。截至 2019 年年底，教材编写平台、数字图书馆用户达 21.2 万人，共有 126 个国家的 488 个孔子学院（课堂）完成各类本土编写汉语教材、研究成果 3462 种，3993 册。[1]

3. 行政合作

世界主要语言传播机构与教育行政部门合作开发教学资源，有助于在政策上、财政上获得行政管理部门的支持，推进教学资源项目的开发与落实。各个国际语言传播机构与教育行政部门的合作数量较多，成果显著。如英国文化协会在南非的教材研发和推广，得到南非基础教育部（DBE）的大力支持。英国文化协会与布里斯托尔大学联合举办教材研讨会，活动除了汇集牛津大学出版社、剑桥大学出版

---

[1]数据来源：孔子学院年度发展报告（2019），第 20 页。

社、麦克米伦出版社和皮尔森教育出版集团四大出版商、三所开普敦大学学者之外，也邀请南非基础教育部相关人员参加，使教育部门的决策者与教材研发、出版机构广泛的利益相关者之间增进了解，促进对话与合作。日本国际交流基金会与英国、泰国、法国、老挝、土库曼斯坦等国合作编写教材，为当地中小学日语教育提供支持，主要通过与各国教育行政机构合作来实现。随着汉语更多地进入世界各国国民教育体系，国别汉语教学大纲的制定显得尤为重要。孔子学院与印度、南非等国教学大纲编制开展的智力合作，也是在所在国政府教育行政部门的大力支持下进行的。

行政合作、智力合作和版权合作是国际语言传播机构教学资源建设的三大重要领域。从各个机构的典型案例来看，行政合作的顺利开展为智力合作提供了基础和可能，使智力合作和版权合作获得方向上的指引和政策、资金、人员等方面的支持，加强各方力量间的协同增效。智力合作有助于使教材或教学标准的制定深入当地语言教学实际、扎根本土，使成果更具本土适应性；版权合作则是最直接、最快捷的教学资源合作方式，但对教学资源发展的促进作用往往受到合作形式的限制。

（三）多样化的合作方式与合作成果

1. "1+1" 直接合作

世界主要语言传播机构直接与出版社、公司、教育行政部门建立一对一的直接合作关系，是教学资源本土化发展的合作方式之一。如英国文化协会与阿德曼动画公司开发数字化儿童英语学习资源，与英国广播公司合作开发英语广播节目《世界问题》，世宗学堂与阿里郎电视台合作开发《韩国文化故事》视频资源，等等。

孔子学院与其他实体的"1+1"直接合作模式，自2009年起发展迅速，合作对象类别丰富，教学资源的成果数量也很可观。仅2009年一年，孔子学院总部已分别与商务印书馆、五洲传播出版社、培生教育世界语言出版社、意大利威尼斯卡夫斯卡里那出版社等国内外出版机构开展"1+1"直接合作，还与江苏省教育厅、长春理工大学等教学机构或教育行政部门合作编写各类教材，与中国国际广播电台、加拿大 BCIT－TTA 技术培训有限公司等企业和公司开展"1＋1"模式的教学资源开发合作。

2."1＋X"委托合作

世界主要语言传播机构基于本机构教学资源建设的整体发展规划，以项目招标、组织协商、项目合作等形式，将教学资源的开发与出版委托给一个或多个合作方来完成，其中"1"为国际语言传播机构，"X"为受托方或合作方。在多个语言传播机构中，以孔子学院开展的"1＋X"委托合作形式最为典型。2006 年，孔子学院总部首次以编写、出版、发行一条龙招标形式开发汉语教材，中国外语教学与研究出版社与美国汤姆森学习集团联合中标，并于当年 8 月完成《汉语900 句》的编写工作；2010 年，孔子学院总部组织国内多家出版机构完成 9 套主干教材、工具书 45 个语种，以及《新实用汉语课本》9 个语种共 1115 个品种的改编、翻译及出版工作[①]；2011 年采用市场机制，组织出版社编写孔子学院通用教材、多媒体试听教材等。

3."1＋1＋n"多边合作

"1＋1＋n"多边合作是世界主要语言传播机构与其他实体较为常见的教学资源合作方式，近年来愈加受到重视，其中的第一个"1"指国际语言传播机构，第二个"1"代表与之合作的主要出版机构或发行机构，是对教学资源开发起关键作用的利益相关者，"n"代表提供资金支持、技术支持、智力支持等多种类型的其他合作实体。如世宗学堂面向中国市场开发的"旅游韩国语"教学资源和歌德学院开发的面向儿童群体的多语种游戏资源就是这一合作方式的典型案例。随着中国赴韩旅游人数的不断提高，世宗学堂与韩国出版机构、首尔市政府和江原道等多个实体合作，面向中国游客定制开发"旅游韩国语"学习资源，增加中国受众学习韩语的兴趣，促进韩语教学与文化传播协同发展；歌德学院与来自英国、德国、西班牙和意大利的 9 个

---

①数据来源：孔子学院年度发展报告（2010），第 26 页。

协作方合作，开发多种语言组合的"语言＋游戏"的儿童电脑游戏程序"语言魔术师"，通过将语言与电脑知识相结合，鼓励学生学习外语，并监测学习进程。

综上所述，世界主要语言传播机构教学资源建设可采取多种不同的合作方式。"1＋1"直接合作方式，较为适合单一类型或同一主题教学资源的开发；"1＋X"委托合作方式，注重统一性和整体协调性，是具有较强规划性质的教学资源合作形式；而"1＋1＋n"多边合作则更适合面向特征化显著的资源需求环境，针对特定教学对象而开展。但在具体实践中，还需要综合考察所在国家和地区的实际情况，在整体规划基础上选择最佳合作方式。

二、教学资源推广状况比较

以教材推广为核心的教学资源推广是世界主要语言传播机构发展的重要途径之一，在具体实践中，各个语言传播机构通过教材赠售、参加展会、创新推广空间、开展培训和研讨等为具体措施，打通教学资源推广渠道，开展多样化的教学资源推广活动。

（一）教学资源的配送与赠予

"配赠"是世界主要语言传播机构最直接、最常见的教学资源推广路径，区别在于不同机构的配赠范围和配赠对象。比较来看，孔子学院与卡蒙斯学院以"全面配赠"为主，注重达到更大的配赠范围和配赠数量，而其他语言传播机构则主要依据配赠对象的差别实施"目标配赠"，体现出较强的针对性和本土化发展特点。

1. 全面配赠

孔子学院教学资源的对外配赠范围最广、数量最多，获赠方包括孔子学院（课堂）以及开设汉语课程的大学、中小学等不同层次的学校或其他教育机构（见表4－7）。截至2018年12月，累计向170个国家赠售教材图书3000多万册。[①] 2006—2017年，孔子学院教学资源的配赠

[①] 数据来源：《孔子学院年度发展报告》（2018），第21页。

数量总体呈"抛物线形"发展，教学资源的配赠数量和获赠机构数量在
2009 年达到峰值，共配赠 430 万册，其后开始减少，2011 年配赠 272 万
册，到 2012 年迅速减少至 78 万册，配赠总数仅为前一年度的 29%。

表 4-7　孔子学院（课堂）教学资源配赠情况

年度	获赠国家数量	获赠机构数量	配赠教学资源数量	孔子学院（课堂）配赠数量	孔子学院（课堂）配赠比例
2006 年	85 个	839 个	59 万册	\	\
2007 年	95 个	1616 个	81.3 万册	\	\
2008 年	100 多个	上千所	130 万册	\	\
2009 年	114 个	2169 个	430 多万册	\	\
2010 年	\	\	\	40 多万册	\
2011 年	110 个	1767 个	272 万册	133 万册	49%
2012 年	104 个	1660 个	78 万册	38 万册	49%
2013 年	120 个	1375 个	70 万册	41 万册	59%
2014 年	119 个	738 个	75 万册	60 万册	80%
2015 年	128 个	803 个	86 万册	\	\
2016 年	108 个	599 个	54 万册	\	\
2017 年	119 个	697 个	45 万册	\	\

　　配赠数量的变化与教学资源建设整体规划和措施密切相关。
2006—2009 年，孔子学院的教学资源建设以开发多种类型教材、扩大
语种类别为主要任务。2007 年出版 9 个语种的《中国文化常识》《中
国历史常识》《中国地理常识》及其配套多媒体教学资源，完成多媒
体教材《新乘风汉语》平台开发和内容制作，配赠的教学资源数量
多，且以汉外双语介绍中华文化和当代中国情况的图书和音像制品为
主要特色；2009 年，多媒体汉语教学资源取得新进展，重点教材和工
具书已完成 20 个语种的改编，教学资源合作大范围开展，使教学资源
配赠范围扩大，配赠数量不断提高。然而，2012 年《孔子学院发展规
划（2012—2020 年）》的发布，使教学资源发展的指向标向"支持各
国孔子学院编写本土教材"转变，本土中文教材不断涌现，孔子学院

的教学资源配赠数量随即迅速减少。

卡蒙斯学院的教学资源配赠数量也非常可观。2014 年卡蒙斯学院向 40 个国家配赠书籍和影音资料 13691 本/份，2015 年向 32 个国家配赠 18488 种图书，2016 年向 29 个国家配赠 9199 种图书，2017 年配赠的图书达 23543 本。

2. 目标配赠

其他语言传播机构的配赠注重依据配赠对象的差别实施目标配赠。如歌德学院针对难民实施"书籍包裹"项目，发放难民常用语手册，以解决阿拉伯儿童和青少年难民的读书需求；世宗学堂向不发达国家提供世宗学堂韩国语教材，为提高机构的品牌形象进行宣传；日本国际交流基金会通过项目合作，为中亚五国的 6 家机构捐赠日语学习教材，并提供日本电视节目和其他教学资源。

（二）组织或参加展会

世界主要语言传播机构积极参加各类图书展会。一方面，借展会平台打通图书发行渠道，加强各类教学资源的宣传和推广，提高机构影响力；另一方面，充分利用参展机会开展宣传工作，创造合作机会，实现参展效益最大化。

1. 增加参展机会

世界主要语言传播机构积极参加各类展会，借展会平台打通图书发行渠道，加强各类教学资源的宣传和推广，增进各国民众对本机构语言国际传播的了解。塞万提斯学院参加展会次数最多，除参加法兰克福书展、新德里书展、芝加哥书展等语言与教学类国际书展外，还参加日本国际动漫展、中国国际教育展以及在米兰举办的世界博览会等各种展会，2015—2016 学年参加各类展会共计 110 多场。此外，日本国际交流基金、世宗学堂、歌德学院、卡蒙斯学院等也不同程度地选择参加各类国际书展，增加曝光率，扩大机构的国际影响力。

孔子学院自成立至今，多次借助国际展会、重大活动、品牌项目等平台，举办汉语教学资源展或组团参展，增加教学资源的曝光机会。参加国际展会是孔子学院教学资源推广的基本途径，历年来已组织参加法兰克福书展、伦敦书展、东京国际书展、巴黎语言展、英国语言展等多个国际图书展览，2016—2018 年，连续三年与法兰克福书展合作，推出"中国儿童绘本展""中国饮食文化展""中国建筑文化遗产展"等，参展目标逐步明确和细化。孔子学院善于借助重大活动平台举办国际汉语教学资源展。2007 年，配合第二届孔子学院大会，设立"汉语教学资源展区"，展出 800 多种汉办组织开发的汉语教材、文化读物等；2008 年配合孔子学院大会和世界汉语教学研讨会等重大活动组织汉语教学资源展；2009 年在第 24 届世界大学生冬季运动会期间，设立中国语言文化体验区，推广各类国际汉语教学资源；2010年借助上海世博会平台，在北京国家会议中心举办国际汉语教学资源展，展示了国家汉办组织开发的 580 多种汉语教学资源、118 种本土化汉语教材及其他 24 家出版机构开发的各种汉语教学产品。孔子学院通过品牌项目推广国际汉语教学资源，2007 年，配合"汉语桥"外国中小学校长访华之旅活动举办中国语言文化教材资源展，先后展出教学资源共计 4000 余册，自 2009 年开始，教材巡展作为"三巡"项目之一，在各国孔子学院开展汉语图书展览。

2. 提高参展效益

充分利用参展机会开展文化宣传，创造合作机会，实现参展效益最大化。日本国际交流基金会、世宗学堂、孔子学院等多个机构善于通过展会平台进行语言教学与文化宣传。如日本国际交流基金会在国际展会上，除搭建图书展台外，还开办日语试听课、折纸课、漫画课，并通过讲座、影片放映、传统表演艺术等形式介绍日本文化；世宗学堂在伦敦国际语言博览会上，以"与韩国语、韩国文化的邂逅"为主题介绍世宗学堂和韩国语教材，同时邀请当地人体验网络世宗学堂互联网学习项目；孔子学院在国际展会中，举办各类推介会、讲座、示范课以及开展多项文化活动。英国文化协会、歌德学院邀请知名作家参加国际书展，推介作品，加强与受众之间的互动，英国文化协会还积极宣传和推广"Learn English""Teaching English"以及面向儿童和青少年的英语在线学习网站，等等。

孔子学院既在国际展会中举办各类推介会、讲座、示范课以及开展多项文化活动，同时也通过国际展会推动了版权贸易和版权合作的开展。如 2015 年参加 12 次展会，转让教材版权 30 余种，建成海外出版机构信息库，收集 58 个国家、1250 家海外出版机构的展商信息，满足国际出版合作与信息储备需求。

英国文化协会、歌德学院则注重展会推广中的名人效应，邀请本国知名作家参加国际书展，通过作品推介增加与当地受众的互动。

（三）拓展推广空间

1. 重视图书馆建设

图书馆是世界主要语言传播机构最重要的教学资源推广空间，为各地民众提供原版图书及各类学习资源借阅服务。2015—2016 年，塞万提斯学院在世界各地建有 60 所图书馆，藏书达 130 余万册，其中 84％是图书和期刊，15％是音像资料和有声文件；卡蒙斯学院在里斯本总部和其他 16 个国家建立图书馆，在语言和文化领域拥有大约 8000 种出版物和文件；歌德学院有 108 个德语阅读室及合作图书馆等，同时建有 125 个教材中心，为德语教师提供教材信息和服务。

通过图书馆开展阅读活动及其他文化宣传活动。如塞万提斯学院在菲律宾、塞尔维亚等国联合举办以"塞万提斯逝世 400 周年纪念"为主题的展览；英国文化协会在曼彻斯特、捷克布拉格等地多次组织读书会，开展旨在鼓励儿童阅读西班牙语书籍的专题活动，为加强与当地学校和图书馆的合作，开展教育实习项目或针对本科生开办"信息检索和信息查询"专题讲习班等。

2. 创新推广平台

国际语言传播机构积极开创教学资源推广新平台，为受众提供教学资源共享空间。以歌德学院和孔子学院为典型代表，歌德学院不但在海外建立独立的教材中心，并且实施"移动图书馆巴士"创新项目。2013—2014 年度，歌德学院的新型图书馆巴士行驶路程达 9438 公里，约有 8500 名儿童受益。

孔子学院的教学资源推广更加多元化。在北美、欧洲和新加坡等分别建立区域教材推广中心，使之成为集教学资源展示、交流、研讨、推广于一体的功能性推广平台，同时开展海外"汉语角"推广项目，举办国际汉语教材评选会、"孔子学院杯"国际汉语教学资源编写大赛，组织国际汉语教学优秀示范课征集和评选活动，通过多种赛事平台提高中文教学资源编写与出版质量，以此提升中文教学资源的国际知名度。

（四）组织教材培训与研讨

为提升教师对教材的理解与使用能力，世界各主要语言传播机构均通过组织教材培训或召开研讨会等方式，推动教学资源建设步伐。

首先，组织教师参加教材培训，促进教学资源的推广。孔子学院、塞万提斯学院是此类方式的典型代表，但二者实践措施略有不同。孔子学院注重顶层设计，突出整体布局，一是实施"请进来"和"走出去"，将组织所在国教师来华培训与国内专家赴外指导相结合，2010—2012年共组织23000余人次来华，且受训人数逐年增加；二是针对特定教材开展专门培训，如2006年在北京建立长城汉语推广中心，开展《长城汉语》系列教材的培训推广活动。塞万提斯学院则凸显分支机构的独立决策性，以满足当地需求为目标，如意大利分院与当地使馆教育处合办"通过阅读获取信息、知识和快乐"的书籍阅读培训课程，而英国利兹分院则专门针对特色课程教学方案的编制与课程教材研发举办内部教师培训。

其次，利用教材研讨会探讨教材使用、教材开发、教材出版的有效路径，实现教学资源的有效推广。日本国际交流基金会以宣传主干教材《圆圈：日本的语言和文化》和基金会《日语标准》为主要目标举办教材研讨会，介绍教材内容和教学使用方法，尤其注重日语教材的本土适用性研讨，如在雅加达和越南就如何设计本土化新的课程体系及教材编写召开专题研讨会，2016年针对日语教材的本土化出版、使用和推广，在印度尼西亚、泰国和印度分别召开教材研讨会等。孔子学院则善于利用教学资源推广平台召开教材研讨会，如2011年在中国组织召开汉语国际推广中亚基地系列教材编写研讨会，2015年在悉尼汉语水平中心和昆士兰大学孔子学院举办"海外汉语教学资源会议",通过《测试原理与 HSK 命题原则》《基于〈YCT 标准教程〉的课堂设计》等 7 场报告,加强对各类汉语考试的宣传推广。

第三节　世界主要语言传播机构教学资源发展的关键要素

一、教学资源研发的准确定位

教学资源研发的总体思路大致分为两种类型:一是基于输出者视角,重点开发优秀的通用型教材,教材培训、研讨、合作与推广大都围绕通用型主干教材展开,如日本国际交流基金会、世宗学堂等。二是注重从输入者视角出发,面对所在国家和地区多元化的学习需求,在通用型教材的基础上,鼓励开发国别、语别型教材,以满足本土教学需要,如英国文化协会、孔子学院等。虽然无论在哪种视角下的教材研发,都有其发展价值和存在意义,没有足够的证据证明教学研发视角的不同来自语言国际地位的差别,更无法将语言国际传播价值作为标尺去衡量哪种类型教材的研发更符合本土化发展方向。但由于不同语言传播机构教材研发的定位不同,因此,需思考以何种视角研发何种类型的教学资源更有利于语言传播机构的发展建设,即如何对教学资源研发进行准确定位。

世界主要语言传播机构的教学资源研发应立足于本土化发展思路。"本土化"之内涵在于创造符合传播双方利益需求,以及满足多元化学习需求等。教学资源研发的定位反映出国际语言传播机构发展的价值取向,以往对教学资源本土化问题的探讨往往囿于教材内容方面,讨论其内容设置与学习环境、学制学时、文化背景、使用对象的不切当,从而提出具有针对性、实用性的改进策略。然而,教学资源的内容与环境、对象等因素应属教学资源研发的不同维度,因此应从学习内容、学习过程，以及学习目标和价值三方面加以思考。

首先，教学资源研发应考虑学习者想学习什么，了解什么，以及学会某种语言后去表达什么，即教材研发应重点关照哪些内容。对学习者来说，目的语语言、文字及目的语国家文化充满新奇与未知，不论学习目的语的动机从何而来，目的语的语言传播价值对学习者必定具有强大的吸引力。尽管母语对语言学习产生迁移作用，母语国文化也会影响学习者对目的语文化的理解，然而作为切实存在且始终存在着的"本土"影响因素，母语国语言和文化在教材中可以以隐性形式存在。正如有学者指出，方法与策略资源也是教学资源开发与建设的重要组成部分，但属于隐性的、潜在的资源，在教学过程中实施有效的方法和策略，促进教材内容的本土化改进，可实现隐性"本土"内容显性化。因此，不能因为教材内容缺少语言对比和母语国文化的"非本土"特点，就轻易否定教材研发的本土化定位。世界之大、国别之多、语言之庞杂，任何优秀的语言教材都无法做到极致完美，更不可能满足所有人的全部期待和要求。鉴于此，世界主要语言传播机构的教学资源研发应着眼于本土化发展的主要问题，重点聚焦于体现人类共通的语言表达内容和具有普世性的文化行为方式，重视"试图尽可能地照顾到不同国家汉语学习者的'共同需求'，即按照汉语汉字自身的系统规律来呈现教学内容，也即关注的是特定学习目标的汉语学习者的普遍需求，而不是个别国家少数学习群体的特殊需求"①的通用型教材的核心地位，持之以恒地进行教材内容的改编与完善，使教材内容符合学习需求的变化趋势，与时俱进。同时，以"本我"和"他者"的双重视角思考教材内容设置，基于传播者的"本我"视角把握目的语本身知识体系和既定的教学目标，基于接收者的"他者"视角打造利于目的语知识传播的国际化编写模式。在教学资源研发形式上，应以纸版教材为基础，不断开拓创新，扩大通用型教材"家庭成员"数量，实现系列化纵向发展与富媒介横向发展齐驱并进。

---

① 李泉. 汉语教材的"国别化"问题探讨［J］. 世界汉语教学，2015（4）：530.

国别型教材扎根本土，更符合当地需求，但只有"对编写国别化教材的必要性和可行性进行充分、深入和细致的讨论，才可能编写出更有针对性和实用性的国别教材"①。因此本文主张，世界主要语言传播机构的教材研发，应将各类国别型教材和其他教学资源置于通用型教材的从属地位，研发具有教学协调功能和知识补充功能的国别型教材，涵盖多层次、多类型、多目标、多领域学习资源，满足语言学习者多元化、个性化、定制化的目标需求。

二、数字化教学资源体系建设

全球信息技术的发展和大范围普及已成为带动语言国际传播发展速度、培育国际语言传播机构本土化发展的新动能。后疫情时代的全球教育新生态，使数字化教学资源的整体规划、设计与实施成为大势所趋、现实所需，加强数字化教学资源体系建设是落实国家数字化教育发展战略，推进国际语言传播机构本土化发展进程，立足当前、着眼未来的务实之举。

近年来，世界主要语言传播机构均将数字化教学资源的开发与建设作为优先发展战略，从政策、规划、资金、项目等方面给予大力支持，重视数字化教学资源开发的种类丰富性、功能多样性、内容拓展性和使用便捷性，花大力气建设数字化教学基础设施，开发慕课、微课、手机应用软件，制作动画、视频、影音材料等数字化教学资源，借助网络平台和数字化社交媒体开放网络直播课程，实施在线教学和宣传活动。然而比较后发现，不同机构间数字化教学资源发展并不平衡，基于本土化发展的数字化资源利用程度参差不齐。出现这一问题的主要原因在于，一些机构开发的数字化教学资源虽然种类丰富但缺少资源间的互动，虽然功能多样但难以形成协同效应，且内容的拓展性易使核心分散，增加了学习过程中的盲目性和随意性，等等，归根到底就是缺乏对数字化教学资源的整体规划和统一布局，或多或少地

①李泉. 汉语教材的"国别化"问题探讨［J］. 世界汉语教学，2015（4）：529.

制约了国际语言传播机构本土化发展进程。

为使数字化教学资源发挥更大效用，世界主要语言传播机构在增加数字化教学资源供给、加快数字化教学资源基础设施建设的同时，应遵循整体性、系统性、协同性发展理念，加强政策引导，优化完善数字化教学资源本土化发展环境，树立核心品牌，推进数字化教学资源集群式发展，形成从基础研发到跨越式联合的长效发展机制，进而实现国际语言传播机构数字化教学资源体系建设。

三、教学资源的合作与推广应坚持目标与关键成果导向

合作与推广是国际语言传播机构本土化发展的重要路径。通过开展合作，汇集各方优势，共同谋求本土化发展机遇，合力开拓教学资源市场，选择有效的教学资源本土化推广方式，搭建本土化推广平台，拓宽本土化推广渠道，以科技赋能为助力，加快本土化发展速度，将大大提高教学资源本土化传播效率，产生"化腐朽为神奇"的理想化传播效果。比较得知，各个语言传播机构在合作范围、合作领域、合作方式等方面表现出不同的选择倾向，推广方式也各有所长、各显其能，使教学资源本土化合作与推广成果差异明显。然而，对于哪种合作和推广更能推动教学资源本土化发展，如何开展合作和推广更有利于教学资源本土化发展，则有必要进行认真思考。

目标与关键成果导向的提出，是基于对管理学中"目标与关键成果法"（Objectives and Key Results，简称 OKR）理论的创造性思考。在管理学中，"目标与关键成果法""是一套明确和跟踪目标及其完成情况的管理工具和方法"[①]，将其理念迁移到国际语言传播机构本土化发展中，可以用来观照教学资源本土化合作与推广的实际结果和原有目标与关键成果是否实现一致性的问题。坚持以目标与关键成果为导向的教学资源合作与推广，需在每一项合作与推广的起点、终点及发

①杨蓉. 浅谈目标与关键成果法及其在绩效管理系统中的应用 [J]. 科技经济市场，2019（7）：99.

展过程中，聚焦关键指标的设定，立足现实、明确方向、突出重点，准确把握本土化市场发展轨道和对象需求，确保目标任务的最终实现。首先，树立起点目标，科学评估教学资源本土化合作与推广市场环境，包括输出方市场和输入方市场及周边国家环境，审慎分析有利于本土化发展的有效合作范围与合作领域，选择最佳合作方式和推广方式；其次，在合作与推广过程中进行动态监控与调整，确定教学资源本土化阶段性目标与关键成果，分类型、分层次、分阶段、递进式地开展合作，促进组织协同，并实施本土化推广活动；最后，树立终期目标，基于起点目标与关键成果对最终成果进行合理评价，总结本土化合作与推广的经验和教训，引导国际语言传播机构进一步思考如何改进与完善教学资源本土化合作与推广。

第五章　世界主要语言传播机构本土化
发展的利益相关者研究

世界主要语言传播机构在课程、师资与教学资源发展中，均体现出了本土化发展思路，可见，本土化发展是国际语言传播机构的重要发展目标之一，也是实现优质高效传播的有效途径。因此，厘清影响国际语言传播机构本土化发展的重要利益相关者，探讨不同利益相关者在国际语言传播机构本土化发展中所产生的影响，对于减少国际语言传播机构发展盲目性、提高语言国际传播效率具有重要意义。

第一节　利益相关者理论

利益相关者理论（Stakeholder Theory）是 20 世纪 60 年代提出并发展起来的，以弗里曼（Freeman）的《战略管理：一种利益相关者的方法》一书作为这一理论正式形成的标志，多纳德逊（Donaldson）、马科思·克拉克森（Max Clarkson）、琼斯（Jones）、米切尔（Mithcell）等也是利益相关者理论的典型代表。利益相关者理论认为，"企业的目标是为其所有的利益相关者创造财富和价值（Clakrson，1995）"[1]，这一理论对英、美等国企业治理模式产生了重要影响。

---

[1] 转引自陈宏辉. 企业的利益相关者理论与实证研究［D］. 杭州：浙江大学，2003：36.

一、利益相关者的界定

弗里曼认为，利益相关者能够影响一个组织目标的实现，或者他们自身受到一个组织实现其目标过程的影响。利益相关者是一个庞大的群体，涉及范围较广，应基于利益相关者之间的复杂关系来研究企业的战略管理问题。关于利益相关者理论的定义，不同学者的看法之间存在差异，其中具有代表性有以下几种（见表5-1）：

表5-1　关于利益相关者的几种代表性定义①

研究者	时间	主要观点
斯坦福大学研究院	1963 年	利益相关者是这样一些团体，没有其支持，组织就不可能生存。
雷恩曼 （Rhenman）	1964 年	利益相关者依靠企业来实现其个人目标，而企业也依靠他们来维持生存。
弗里曼、瑞德 （Freeman&Reed）	1983 年	利益相关者是能够影响一个组织目标的实现，或者他们自身受到一个组织实现其目标过程的影响。
科奈尔、夏皮罗 （Cornell&Shapiro）	1987 年	利益相关者是那些与企业有契约关系的合法要求者（claimants）。
卡罗 （Carroll）	1989 年	利益相关者是在公司中下了一种或多种赌注的人，他们能够以所有权或法律的名义对公司资产或财产行使收益和（法律和道德上的）权利。
克拉克森 （Clarkson）	1994 年	利益相关者以及在企业中投入了一些实物资本、人力资本、财务资本或一些有价值的东西，并由此而承担了某些形式的风险；或者说，他们因企业活动而承担风险。
纳斯 （Nasi）	1995 年	利益相关者是与企业有联系的人，他们使企业运营成为可能。
多纳德逊、普尼斯顿 （Donaldson&Preston）	1995 年	利益相关者是那些在公司活动的过程中及活动本身有合法利益的人和团体。

以上学者对利益相关者的界定虽存在差异，却体现了以下几种共识：

1. 组织②与利益相关者之间存在相互支持关系。斯坦福大学研究

---

① 转引自陈宏辉. 企业的利益相关者理论与实证研究 [D]. 杭州：浙江大学，2003：68.

② 为方便论述，考虑到"组织"与"企业"性质相似，此处论述不对二者进行专门区分。

院（1963）、鲍威尔（Bowie，1988）认为，组织的生存需要利益相关者的支持，否则无法生存；雷恩曼（Rhenman，1964）认为，企业生存依靠利益相关者，而利益相关者也通过企业实现个人目标；黑尔、琼斯（Hill&Jones，1992）认为，利益相关者向企业提供关键性资源，以换取个人利益目标的满足。

2. 组织与利益相关者是相互影响的关系。弗里曼、瑞德（Freeman&Reed，1983）认为"利益相关者能够影响一个组织目标的实现，或者他们自身受到一个组织实现其目标过程的影响"①伊万、弗里曼（Evan&Freeman，1988）认为，利益相关者的利益或自身权利会受到公司活动而受益或受损；萨威齐、尼克斯、怀特赫德、布莱尔（Savage，Nix，Whitehead&Blair）也认同利益相关者与组织活动的相互影响关系；卡罗（Carroll，1989）认为利益相关者是在公司中下了一种或多种赌注的人，他们能够以所有权或法律的名义对公司资产或财产行使收益和（法律和道德上的）权利，其于1993年进一步提出利益相关者在企业中投入"赌注"，他们与企业活动之间存在相互影响的关系。

3. 组织与利益相关者之间存在契约关系，利益相关者对企业有合法要求权。科奈尔、夏皮罗（Cornell&Shapiro，1987）及伊万、弗里曼（Evan&Freeman，1988）认为，利益相关者是与企业有契约关系的合法要求者克拉克森（Clarkson，1994）也认为，利益相关者在企业发展中投入一定的价值，也必然承担着相应的风险，利益相关者对企业拥有索取权和相关利益要求。

二、利益相关者的分类

在对利益相关者进行界定后，学者们还尝试从不同维度对利益相关者进行分类，其中认可度最高的分类方法是"多锥细分法"和"米切尔评分法"。

---

① 陈宏辉. 企业的利益相关者理论与实证研究 [D]. 杭州：浙江大学，2003：68.

　　"多锥细分法"有代表性的分析结果主要有以下几种：弗里曼（1984）从所有权（ownership）、经济依赖性（economic dependence）和社会利益（social interest）三个角度对利益相关者进行分类。弗雷德里克（Frederick，1988）从是否与企业发生直接的市场关系，将利益相关者分为直接利益相关者和间接利益相关者两类。查克汉姆（Charkham，1992）根据利益相关者是否与企业存在契约合同关系，将利益相关者分为契约型利益相关者和公众型利益相关者。克拉克森（1994，1995）提出两种分类法，一是根据相关利益者承担企业风险的种类，分为自愿的利益相关者和非自愿的利益相关者，二是根据利益相关者与企业联系的紧密度，分为首要利益相关者和次要利益相关者，前者是保证企业发展的持续参与者，后者是间接影响企业并对企业产生非根本性影响的组织或个人。比如媒体、其他利益集团等，威勒（Wheeler，1998）在克拉克森研究基础上从社会性角度对利益相关者进行分类，依据紧密程度划分成首要的社会性利益相关者和次要的社会性利益相关者、首要的非社会性利益相关者和次要的非社会性利益相关者四类。

　　20世纪90年代美国学者米切尔和伍德（Mitehell&Wood，1997）提出了"米切尔评分法"，根据三个属性"合法性（legitimacy）""权力性（power）""紧急性（urgency）"对划分不同的利益相关者，或确定其属于哪一类利益相关者。其中，"合法性"指相关群体或个人是否拥有法律上、道义上的特定索取权，相关诉求是否正当；"权力性"指是否拥有决策地位、能力以及实施决策的手段，对企业发展影响力的大小等；"紧急性"是指某一群体的意见或想法能否得到决策层的关注并实施，处理这些意见和想法的紧急程度如何。要成为一个企业的利益相关者，需至少满足其中一种属性，确定利益相关者类型后，还可进一步划分成确定型利益相关者、预期型利益相关者和潜在型利益相关者。

三、利益相关者理论在语言国际传播中的应用价值

　　随着教育部中外语言交流合作中心的成立，孔子学院品牌开始由中国国际中文教育基金会全面负责运行。审视孔子学院过去 16 年的发展历程和转制后孔子学院的未来发展思路，对本土化发展利益相关者的研究是现实之需、发展之要。

世界主要语言传播机构利益相关者，指与世界主要语言传播机构本土化发展相关的组织或个体。这些利益相关者在一个"生态系统"中相互影响，相互制约，对国际语言传播机构本土化语言传播实践产生不同程度的影响。识别利益相关者，尤其是重要利益相关者，了解其在本土化发展中的作用与诉求，对于世界主要语言传播机构确定重点关注对象，选择最佳合作伙伴，厘清市场需求方向，挖掘潜在价值等等均具有重要研究价值和现实意义。

第二节　世界主要语言传播机构本土化发展的利益相关者比较与分析

一、利益相关者研究框架的初步构建

（一）确定研究方法

为保证研究内容的科学性和严谨性，更好地探讨对世界主要语言传播机构本土化发展产生影响的利益相关者及其作用，本研究采用德尔菲法（Delphi）开展对不同利益相关者的综合评价。德尔菲法，又称专家反馈函询法，是一种在个人主观判断基础上形成的直观评价法，研究者通常以书面形式对本领域的权威专家进行匿名调查，原则上进行 2—3 轮调研，专家人数一般在 8—20 人之间，每位专家能根据自己的实践经验和理论知识对研究问题提出独到的见解和思考。德尔菲法需要研究者通过反复地征询意见、统计归纳、分析总结、修改问卷等实验步骤，使专家意见逐步确定且趋于集中，最终根据专家的综合意见对研究问题进行总结论证。

本研究相关数据使用 Excel 和 SPSS 16.0 进行统计分析。

（二）组建专家咨询小组

本研究内容涵括与孔子学院及其他 7 个语言传播机构具有一定关联的利益相关者，研究涉及的国别多、范围大、领域广、层次不同。在组建专家咨询小组时，考虑到中外专家比例、语言传播机构管理者与高校或学术机构研究者的比例、孔子学院研究专家与其他语言传播机构或国外大学专家的比例等，最终遴选出 10 位专家，其中中国籍 6 人，其他国籍 4 人（包括法国籍 1 人，韩国籍 1 人，英国籍 1 人，新加坡籍 1 人）。在孔子学院或其他国际语言传播机构任职或曾经任职的专家 6 人，达总数的 60%，其中任职于孔子学院的专家 3 人，其他语言传播机构的专家 3 人，另有 1 位专家任职于驻外使馆，从事教育管理工作，与语言传播机构存在间接关系。咨询小组中的多位专家为国际中文教育领域的著名学者，曾多次参与孔子学院或其他语言传播机构项目或工作，撰写相关论文或担任发展顾问等，熟知本领域相关内容，且对孔子学院本土化发展问题有极大的兴趣（见表 5-2）。

表 5-2　国际语言传播机构本土化发展利益相关者评价专家构成

专家	国籍	任职或参与指导情况		
		是否直接任职	是否参与或指导	任职单位
1	韩国	是	是	其他语言传播机构/海外高校
2	中国	是	是	其他语言传播机构
3	中国	是	是	孔子学院
4	中国	是	是	其他语言传播机构
5	新加坡	否	否	海外高校
6	法国	否	否	海外高校
7	英国	是	是	孔子学院/其他语言传播机构/海外高校
8	中国	否	否	大使馆
9	中国	否	是	中国国内高校
10	中国	是	是	孔子学院

（三）编制函询问卷

本研究采用自制的德尔菲法函询问卷，问卷内容包括填写说明、专家基本情况以及半开放式的利益相关者筛选框架。为保证研究质量，笔者在广泛查阅相关学术文献的基础上，结合国际语言传播机构年度发展报告和官方网站中的政策信息与传播实践，初步拟定国际语言传播机构本土化发展利益相关者筛选框架。框架中包含两个维度共28个预设的利益相关者，同时提供开放性表格，便于专家提供其他有效反馈意见。函询问卷中各个利益相关者重要程度等级采用 Likert 7级计分法，专家需根据初筛框架中各个利益相关者对语言传播机构本土化发展的重要性进行判断，并在 1—7 整数间进行赋值，赋值越高，说明此利益相关者对语言传播机构本土化发展的影响程度越大，反之则越小（见表 5-3）。

表 5-3　国际语言传播机构本土化发展利益相关者初筛框架

维度	利益相关者初筛结果
政府与组织维度	母语国政府
	对象国或当地政府★
	母语国驻当地使馆
	母语国驻海外企业
	对象国当地企业
	学校、企业等直接合作方
	尚未合作的当地高校或中小学
	其他组织、企业等间接合作方或捐赠方
	其他国家的语言传播机构
	当地其他语言教育机构
	当地具有影响力的媒体机构

维度	利益相关者初筛结果
特定群体维度	母语国国家领导人
	对象国国家领导人
	机构理事会
	机构总部主要领导
	分支机构主要管理者（本土）★
	分支机构主要管理者（母语国外派）★
	外派语言教师
	外派语言教育专家
	本土教师培训专家
	本土语言教师
	外派语言文化传播志愿者
	当地民众
	当地宗教团体
	语言学习者
	文化活动受众
	国别研究专家
	母语国文化艺术名人
	母语国国家领导人

注：带"★"的条目在第二轮有调整。

二、利益相关者重要性程度的统计与分析

（一）利益相关者筛选结果

根据德尔菲法的研究步骤，笔者采用电子邮件或语音通话等方式

发放专家函询问卷，针对预设条目解答个别专家的疑问，在技术上指导问卷的填写。为了使每位专家有充分的独立思考判断时间，整个咨询过程历时33天，分两轮进行。专家在对第一轮拟定框架中预设的利益相关者赋值时，可自愿说明赋值依据，或提出条目增删建议，经过两轮咨询过程，专家意见基本确定并趋于统一。

1. 初拟框架的调整

第一轮专家函询问卷设有两个维度、28个利益相关者条目，共发放问卷10份，收回10份，全部为有效问卷。结果显示，专家意见协调系数 w 为 0.346，P 值小于 0.001，协调系数具有显著性。这说明在此次调研过程中专家意见较为统一，协调程度较高，研究结果具有科学性和可信性，同时也证明了之前初步拟定的利益相关者框架各条目设置基本合理。（见表 5-4）

表 5-4　第一轮函询问卷专家意见协调程度表

条目个数	协调系数 w	卡方值	P 值
28	0.346	93.496	0.000

整合第一轮专家修改意见发现，初拟的利益相关者条目尚有部分需要进一步修改，问题主要集中在以下几个方面：

（1）在政府与组织机构维度中，"对象国或当地政府"表述不清，且包含"对象国中央政府"和"对象国地方政府"两种利益相关者。个别专家认为，在部分国家或地区，对象国中央政府与语言传播机构所在地的地方政府在影响机构本土化发展中的作用可能会存在很大区别，因此应分列为两个条目。

（2）在特定群体维度中，"分支机构主要管理者"中涵括的"管理者"指向范围可大可小，既可能是"直接管理者"，如项目负责人、管理工作执行者等，也可能是对语言传播机构本土化发展有决策权力但并非实施直接管理的"其他管理者"，不同的人会有理解上的偏差。

（3）由于受到两个维度的限制，对于两个维度之外的影响世界主要语言传播机构本土化发展的因素，是否应作为利益相关者，值得进一步探讨，如"语言价值""母语国综合实力与国际地位""母语国国家政策""母语国与对象国经贸往来""母语国与对象国历史文化族群渊源"，等等。

基于专家们的上述意见，并参考利益相关者的定义，笔者对世界主要语言传播机构本土化发展利益相关者条目进行如下修订：

（1）将原来的"对象国或当地政府"条目拆分成"对象国中央政府"和"对象国地方政府"两个条目，使政府与组织机构维度的条目增至 12 个。

（2）将原来的"分支机构主要管理者"修改成"分支机构直接管理者"，并增加"分支机构决策层领导"条目，使特定群体维度的条目增至 18 个。

（3）基于前文对利益相关者定义的论述，本文认为"语言价值""母语国综合实力与国际地位"等均为影响世界主要语言传播机构本土化发展的重要因素，但并非利益相关者，因此未将其列入利益相关者研究框架中。

2. 利益相关者研究框架的确定

第二轮专家函询问卷中两个维度不变，利益相关者条目总数增至30 个，共发放问卷 10 份，收回 10 份，全部为有效问卷。结果显示，专家意见协调系数 w 为 0.377，P 值小于 0.001，协调系数有较大的显著性，说明专家意见一致性更强，研究结果可信度更高。因此基本确定对世界主要语言传播机构本土化发展产生影响的利益相关者研究框架。（见表 5-5、表 5-6）

表 5-5　第二轮函询问卷专家意见协调程度表

条目个数	协调系数 w	卡方值	P 值
30	0.377	109.221	0.000

表5-6 世界主要语言传播机构本土化发展利益相关者研究框架

维度	调整后的利益相关者
政府与组织维度	母语国政府
	对象国中央政府★
	母语国驻当地使馆
	母语国驻海外企业
	对象国当地企业
	学校、企业等直接合作方
	尚未合作的当地高校或中小学
	其他组织、企业等间接合作方或捐赠方
	其他国家的语言传播机构
	当地其他语言教育机构
	当地具有影响力的媒体机构
	对象国地方政府☆
特定群体维度	母语国国家领导人
	对象国国家领导人
	机构理事会
	机构总部主要领导
	分支机构直接管理者（本土）
	分支机构直接管理者（母语国外派）
	外派语言教师
	外派语言教育专家
	本土教师培训专家
	本土语言教师
	外派语言文化传播志愿者
	当地民众
	当地宗教团体
	语言学习者
	文化活动受众
	国别研究专家
	母语国文化艺术名人
	分支机构决策层领导

注：带"★"的为第一轮调整后条目，带"☆"的为第二轮增加条目。

（二）利益相关者重要性统计结果分析

参考"米切尔划分法"的标准，依据权威专家的赋值结果，笔者将世界主要语言传播机构本土化发展利益相关者划分为"确定型利益相关者""预期型利益相关者""潜在型利益相关者"三种类型。确定型利益相关者，指包含"合法性（合规性）""权力性""紧急性"三种属性，平均值高于 5 分的利益相关者。结果显示，政府与组织维度中，确定型利益相关者为母语国政府、学校或企业等直接合作方、对象国政府三类，其中专家对"学校、企业等直接合作方"的重要性判定集中度最高；在特定群体维度，世界主要语言传播机构本土化发展的确定型利益相关者为：分支机构直接管理者（本土）、分支机构直接管理者（母语国外派）、分支机构决策层领导、本土教师培训专家、外派语言教师、机构理事会、本土语言教师、语言学习者、母语国国家领导人等，其中"母语国国家领导人"的标准差离散程度较大，专家意见差别明显，而其他利益相关者的分值普遍较高，离散程度较低，专家意见较为统一。上述利益相关者对世界主要语言传播机构拥有法律上或道义上的索取权，能够提出具有合理性或合法性的诉求，且促使这些诉求能够得到决策层的关注与实施，对世界主要语言传播机构的发展有较直接的作用力，是影响世界主要语言传播机构本土化发展的核心利益相关者。

预期型利益相关者，指包含"合法性（合规性）""权力性""紧急性"中的两种属性，平均值在 5 分及以下、4 分及以上的利益相关者。结果显示，政府与组织维度中的预期型利益相关者分别为对象国中央政府、母语国驻当地使馆、尚未合作的当地高校或中小学、当地具有影响力的媒体机构以及当地其他语言教育机构等，其中"对象国中央政府"的标准差离散程度较大，专家赋值范围从最低分到最高分不等，经过第二轮的调查，标准差虽有所降低，但仍达到 2.000 以上；在特定群体维度中，机构总部主要领导、母语国文化艺术名人、对象国国家领导人、外派语言教育专家、外派语言文化传播志愿者、文化活动受众、当地民众、国别研究专家等均为预期型利益相关者，利益相关者分值标准差主要集中于 1.000—1.500 之间，函询专家的判定较为一致。此类利益相关者对世界主要语言传播机构本土化发展一般不具有直接的影响作用，且缺少法律上或道义上的合理性与约束性。这一群体的意见或想法是否能到决策层的关注受多种条件的制约，表现为"非紧急性"或"非权力性"的特点。

潜在型利益相关者，指包含"合法性""权力性""紧急性"一种属性，平均值在4分以下的利益相关者，是可能对世界主要语言传播机构产生影响的环境利益相关者。结果显示，政府与组织维度中的母语国驻海外企业、对象国当地企业、其他组织或企业等间接合作方或捐赠方、其他国家的语言传播机构等，平均值在4分以下，可划分为世界主要语言传播机构本土化发展的潜在型利益相关者，不同专家对此类利益相关者意见集中，标准差大多集中于1.000—1.500之间；在特定群体维度中，当地宗教群体赋分范围在1—5分之间，在所有维度中分值最低。此类利益相关者一般不具备"合法性"与"紧急性"属性，在世界主要语言传播机构本土化发展过程中存在一定需求，可提出有关决策实施的条件或手段，但对世界语言传播机构本土化发展的影响力较小。（见表5-7、表5-8）

表5-7 政府与组织维度利益相关者专家函询结果统计

排序	条目	平均值		标准差		赋值范围	
		第一轮	第二轮	第一轮	第二轮	第一轮	第二轮
1	母语国政府	5.80	5.70	1.687	1.636	2—7	2—7
2	学校、企业等直接合作方	5.60	5.50	0.966	0.707	4—7	5—7
3	对象国地方政府	\	5.30	\	1.418	\	3—7
4	对象国中央政府	4.70	4.80	2.111	2.044	1—7	1—7
5	母语国驻当地使馆	4.60	4.60	1.174	1.174	3—6	3—6
6	尚未合作的当地高校或中小学	4.40	4.50	1.647	1.650	2—7	2—7
7	当地具有影响力的媒体机构	4.20	4.50	1.476	1.354	2—7	2—7
8	当地其他语言教育机构	3.90	4.20	1.663	1.317	1—6	2—6
9	母语国驻海外企业	3.90	4.00	1.287	1.247	1—5	1—5
10	对象国当地企业	3.80	4.00	1.317	0.943	1—5	2—5
11	其他组织、企业等间接合作方或捐赠方	3.80	3.70	1.549	1.337	1—6	1—6
12	其他国家的语言传播机构	3.00	3.00	1.764	1.563	1—6	1—6

表 5 – 8 特定群体维度利益相关者专家函询结果统计

排序	条目	平均值		标准差		赋值范围	
		第一轮	第二轮	第一轮	第二轮	第一轮	第二轮
1	分支机构直接管理者(本土)	6.10	6.50	1.287	0.527	3—7	6—7
2	分支机构直接管理者(母语国外派)	6.00	6.20	1.414	0.919	3—7	4—7
3	分支机构决策层领导	\	5.70	\	0.675	\	4—6
4	本土教师培训专家	5.70	5.60	1.059	1.075	4—7	4—7
5	外派语言教师	5.60	5.60	1.265	1.265	3—7	3—7
6	机构理事会	5.50	5.50	1.269	1.269	3—7	3—7
7	本土语言教师	5.50	5.40	0.707	0.699	5—7	5—7
8	语言学习者	5.10	5.10	1.595	1.595	2—7	2—7
9	母语国国家领导人	5.00	5.10	1.944	1.969	1—7	1—7
10	机构总部主要领导	5.20	5.00	2.098	2.000	1—7	1—7
11	母语国文化艺术名人	5.00	5.00	1.333	1.333	3—7	3—7
12	对象国国家领导人	4.90	5.00	1.663	1.247	2—7	3—7
13	外派语言教育专家	4.90	4.80	1.449	1.398	2—7	2—7
14	外派语言文化传播志愿者	4.50	4.40	0.972	0.966	3—6	3—6
15	文化活动受众	4.40	4.40	1.075	1.075	3—6	3—6
16	当地民众	4.60	4.30	1.430	1.252	2—7	2—6
17	国别研究专家	4.20	4.20	1.317	1.317	2—6	2—6
18	当地宗教团体	2.60	2.60	1.578	1.578	1—5	1—5

三、研究结论

（一）权力性利益相关者的重要性程度：母语国＞对象国

权力性利益相关者，指从顶层设计出发对国际语言传播机构发展进行宏观规划、协调与指导，对机构本土化发展具有一定的决策力的组织或群体，如政府、国家领导人、驻对象国使馆等，权力性利益相关者大多作为确定型利益相关者，其函询统计分数相对较高，重要性不言而喻。

在权力性利益相关者中，母语国的重要性略高于对象国。根据专家函询结果，不同专家对母语国权力性利益相关者重要性的赋值略高于对象国权力性利益相关者，这是由于母语国权力性利益相关者在世界主要语言传播机构本土化发展中发挥着确定目标、把握方向的作用。母语国权力性利益相关者的支持与统筹，能够为国际语言传播机构本土化发展增加供给、扩大规模，提高机构的国际影响力。然而，不同专家对权力性利益相关者的赋值差异较大，其标准差的离散程度较高。持否定观点者认为，体现"权力性"的母语国供给是一把"双刃剑"，虽然在一定程度上可扩大世界主要语言传播机构规模和影响力，但在不同国家和地区，母语国与对象国的权力性利益相关者的重要性不可同日而语。由于受到不同输入方的外语教育政策、语言国际传播需求、语言教育市场环境等被所属地人文环境，以及国家关系、国家间经济贸易往来等国际大环境的影响，母语国供给的多寡应与当地复杂的内外环境相适应，在不同国家和地区，不断增加母语国供给并不一定成为本土化发展的主要动力，供给过量或"权力性"干预过多还可能影响对象国各类利益相关者发挥作用，使对象国语言传播的积极性和本土化传播效果大打折扣。

世界主要语言传播机构本土化发展受母语国影响较大，同时依附于对象国的政策驱动、供给和专业性，体现对对象国的依附性。母语国权力性利益相关者应对本土化传播环境进行科学研判和宏观指导，发挥正面优势，规避负面效应。首先，以国家、区域或语域为基础划分传播类型，根据本国语言在当地已有的传播历史、传播状况以及传播环境的特点，找准角色定位，分类分层施策，使母语国语言传播目标在适切的发展"土壤"中实现。如需要提供资金支持还是人力资源支持，需要自上而下加强国家间高层合作还是自下而上地推动教育市场发展，以及确定母语国权力性利益相关者"权利"的发挥程度等，对于有较长语言传播历史，语言国际传播体系较为完善的国家和地区，应给予其更多自主性和能动性，为当地分支机构本土化提供更开放的发展空间；对于主观语言传播需求旺盛的国家和地区，应加强母语国和对象国权力性利益相关者的协调与合作，采取切实有效的策略推动语言传播机构本土化发展。总之，在增加母语国自身供给的同时，鼓励并促进对象国权力性利益相关者积极作为，为机构本土化发展营造良好的内部和外部环境。

（二）推动本土化进程的关键利益相关者：直接相关＞间接相关

本土化传播效果主要取决于具有"合法性（合规性）"或"紧急性"属性的直接利益相关者的理念和行为。在政府与组织维度中，学校、企业等直接合作方是世界主要语言传播机构本土化发展的直接参与者，其平均值达到 5.00，标准差低于 1.000；而与世界主要语言传播机构尚未开展合作的当地高校或中小学、媒体机构、其他世界主要语言传播机构以及各类组织、企业等间接合作方或捐赠方等，平均值普遍低于 4.50，标准差低于 2.000。可见，对于推动世界主要语言传播机构本土化发展的直接相关者和间接相关者，专家意见较为集中，普遍认为开展直接合作的组织或机构是推动世界主要语言传播机构的关键利益相关者。在特定群体维度中，直接任职于语言传播机构的利益相关者平均值达到 5.00 以上，其中管理者的重要性程度高于语言教师，是国际语言传播机构本土化发展的关键决定因素。本土教师培训专家的重要性程度高于其他类型专家和语言教师，而非直接在机构任职的语言教育专家、语言文化传播志愿者、文化活动受众、当地民众以及国别研究专家等间接相关者分值相对较低。

因此，国际语言传播机构本土化发展应更关注机构内部的组织与管理，在各类利益相关者中，将对直接利益相关者的培养和选拔作为机构本土化发展的重中之重。一方面重视对分支机构直接管理者的选拔、培养、培训和管理，采取积极措施促进直接管理者作用的发挥，同时加强机构内部教师的培养与培训；另一方面还应大力加强对本土教师培训专家的选拔和培养，建立本土教师培养专家库，遴选出适应各个国家和地区本土教师职业发展需求的专家，从而打造较为完善的本土教师培养体系。

（三）本土化发展的实施主体：群体维度＞组织维度

世界主要语言传播机构本土化发展应重视不同群体的特殊作用与优势，发挥人的主观能动性。结果显示，群体维度中确定型利益相关者数量较多，分值普遍高于政府与组织维度，其中分支机构的直接管理者分值最高，均值达到 6.00 以上，标准差低于 1.000，专家意见一致；分支机构决策层领导、本土教师和外派教师次之，均值约为 5.50，标准差在 1.000 上下，专家意见较为一致；语言传播双方国家领导人、传播机构语言学习者、总部领导和母语国文化艺术名人等分值稍低于前者，均值也达到 5.00 以上；而政府与组织维度中仅有双方政府和分支机构直接合作方均值超过 5.00。可见，政策的制定和实施需要国家和机构的指导和推动，但具体实施还需要人的积极推动，群体维度是机构本土化发展的主体。

世界主要语言传播机构本土化发展受到各国语言政策的影响较大，但政策的实施效果则主要取决于群体维度利益相关者的传播态度和传播行为。在本土化发展过程中，世界主要语言传播机构需根据不同利益相关者的身份和作用，将群体维度各利益相关者进行分类，实现传播效果最优化，具体可分为"接受与认可""施策""交流""转化"等不同类别。首先，注重高层领导者态度上的"接受与认可"，发挥其正向推动作用，领导者确定角色定位很重要，如总部的主要领导并不一定对每一个机构予以关注，如果"机器"正常运转，领导者的作用可以稍微弱化，以尽可能地发挥市场效应；其次，提高机构管理者的"施策"能力，语言政策由政府和机构制定，但政策实施的效果由人来决定，作为管理者应了解符合当地的传播方式，通过管理者的力量去培育市场，扩大受众范围，在此基础上开展有效传播和营销活动；再次，发挥外派教育专家和外派教师的"交流"作用和本土教师的"转化"能力，外派专家和教师的专业度不容置疑，但对于当地学生学习什么以及如何学习等的了解程度稍逊于本土教师，因此，需注重外派专家和教师与本土教师之间的"交流"，使本土教师吸收专业化的教学理念和科学的教学方法，能够根据当地教学实践有的放矢地进行"转化"。总之，人员的选择和培养是最关键的因素，选派合适人才对国际语言传播机构本土化发展尤为重要。

（四）预期型利益相关者的角色定位：可选择性＞可实现性

预期型利益相关者对世界主要语言传播机构本土化发展影响力的大小，受到当地传播环境及多种条件的限制，有时缺乏可实现性条件。如当地其他语言教育机构是与之存在竞争关系的办学实体，能否与之实现传播诉求的一致性问题需首先得以解决，母语国驻海外企业或对象国企业是否表现出紧急性与权力性属性，则取决于企业在当地的发展状况、企业发展需求等多种因素。鉴于此，世界主要语言传播机构应立足于对预期型利益相关者的"选择"与"借鉴"，使本土化发展首先具有"可选择性"，并通过"选择"与"借鉴"为机构本土化发展提供新的发展动能，在发展中不应急于促成预期型利益相关者发挥其作用力，而应注重交流与互动，从而使本土化发展过程顺应语言国际传播实际状况合理有序地向"可实现性"过渡。

第六章　孔子学院办学优化路径与实施策略

第一节　孔子学院办学的优化路径

一、重视语言传播价值的二重性

　　语言传播价值的二重性是传播机构获得本国政府支持的重要原因。世界主要语言传播机构虽为民间机构，但无一例外地普遍受到本国政府不同程度的支持。除英国文化协会和法语联盟获得的政府拨款少于总经费的三分之一之外，其余机构获得政府拨款的比例均在50％以上。日本国际交流基金会获得政府拨款的比例达88％，韩国世宗学堂更是高达98％。本国政府为何普遍支持本国的语言传播机构呢？究其原因，很大程度上是因为语言国际传播价值具有二重性和内外兼顾性。二重性是指语言国际传播往往同时具有显性和隐性两种价值。其显性价值主要表现为发挥人们之间开展沟通交流的工具作用，通过对某种外国语的学习，可以提升学习者的职业发展能力；而隐性价值则体现在，语言的国际传播还具有增进异质文化背景下的其他国家民众对本国文化的理解，避免文化误读和文化冲突的功能，在推动不同文明的交流互鉴方面可以发挥更为持久深远的重要作用。此外，语言的传播价值在于其传播需求，而传播需求则包括输入性和输出性传播需求。语言传播机构既兼顾了输入性需求和输出性需求，同时承载着满足输入国和输出国民众和国家不同层次需求的重要功能，这或许就是本国政府普遍支持世界主要语言传播机构的重要原因。

孔子学院发展过程中需重视语言的资源价值。语言具有依附性，蕴含着操持该种语言的人的思维和认知模式，是一种重要的思维工具和社会交际工具，与社会生活紧密联系，同时承载着丰富的社会文化信息。工具价值是语言国际传播得以顺利开展的首选项，更是世界主要语言传播机构本土化发展的价值基础。语言资源理念是国家制定语言政策的重要理念之一。李宇明（2011）指出，"资源是可利用、有价值，能产生效益的"[①]，法语在非洲是实现社会与职业融入的一项要素，法语拥有较高地位，即便是在非洲英语国家中，法语的学习也是有一定资源价值的。英语在欧洲的传播成为自下而上的有机现象，应归因于欧洲公民对英语资源价值的选择，即便与官方提倡的教育政策相抵触，英语课程仍然能够顺利进入到欧洲各国国家教育体系中。

二、重塑孔子学院发展的空间表征

空间表征是一个主体对事物外部和内部发展状况进行描述，使问题研究逐步清晰化的过程，空间既体现了外部环境状况，又反映出复杂的社会关系和历史建构。语言国际传播使全球空间场域内的博弈与融合更加突出，对国际语言传播机构发展的空间表征进行本土化重塑，能有效提升母语国语言与文化在对象国的适应能力，达到传播双方需求的最大公约数。

从"融入观"到"融合观"，是重塑孔子学院发展空间的有效路径。"融入观"强调自外而内的传播和供给，通过输出方积极的传播态度和传播行为，使输入方获取可接纳的语言传播信息和途径，实现双方语言文化的对话和交流。然而，语言国际传播是输出方与输入方双向互动的过程，孔子学院进入目的国语言教育市场，应首先学会倾

---

①李宇明. 语言也是"硬实力"[J]. 华中师范大学学报（人文社会科学版），2011（5）：68.

听和理解，减少国家间刻板印象的负面影响，尊重文化差异和当地法律法规、风俗传统，促进传播双方的尊重、交流与沟通。"融合观"注重传播双方的交叉互补和互动过程，基于双方在历史、文化、语言等方面的相同或相异之处，使双方在深层次的交往空间中维持互利、互补、互助的平衡关系。

"融合观"的指称范围，包括教育主体和教育对象的融合、教育教学资源的融合、传播路径的融合以及师资队伍的融合等多个领域的融合，但其重点仍在于孔子学院在当地的有效融合。各国孔子学院在具体办学实践中，可根据不同国家和地区的需求侧差异，提高分支机构的自主性，分层分类开展课程体系建设，提高师资队伍的职业发展动能，实施目标导向的教材研发、合作与推广等。这些深层次的融合更能激发输入方产生认同感，强化其主人翁意识，使之通过实施自我调节来增加与输出方的互动，从而实现语言传播双方需求与供给之间的高度契合。

第二节　孔子学院办学实施策略

一、加强孔子学院治理体系建设

孔子学院作为国际中文教育的重要发展舞台，矗立于多方参与、多环交融、多能驱动的时空环境中，面对后疫情时代语言国际传播风云变幻的形势，机遇与挑战并存。加强孔子学院治理体系建设，应结合现实环境与特殊需求，从注重数量向质量提高转变，以智能连接为引领，以内涵建设为根本，从而构筑国际中文教育新生态。

（一）坚持目标与效果导向，加强精准落实

孔子学院事业改革发展须加强内涵建设，强化面向不同国家和地区的目标导向、效果导向、问题导向，不但要注重实施方案的新颖独特、针对性强，更要确保项目和工作的有效落地落实。如借鉴塞万提斯学院实施"套餐式"课程建设外部环境，以学习者对语言价值认定和价值期待为目标指引，制定"教学＋认证""语言＋职业技术""语言＋人文关怀"等不同的套餐课程，通过语言学习满足认证需求，或满足职业发展需求等。教学资源本土化精准落实，可聚焦面向儿童和青少年的教学资源开发建设，借鉴英国文化协会、日本国际交流基金会、世宗学堂等机构应对国际中文教育低龄化发展趋势的实践路径，开发低龄人群喜闻乐见的音画时尚节目，如借助当地儿童和青少年喜闻乐见的动画人物，或改版动画作品来增加中文教育的吸引力，扩大受众范围，提高孔子学院品牌效应，继续增强孔子学院的全球影响力。

以目标与效果为导向的孔子学院要精准发展，需实现从"传递观"向"接受观"思路的转变，立足于学习者的期望值，将孔子学院办学做"深"、做"精"、做"实"，树立长效发展机制，紧扣目标和效果两大重心，以实现语言教学与价值目标的精准衔接和有机融合。

（二）做好舆情分析与研判，规避发展风险

舆情治理是信息全球化时代语言国际传播的艰巨使命和重要任务。对象国的媒体舆论和公众态度将对孔子学院办学产生重要影响，近年来，美国、澳大利亚、印度等国掀起新一轮"中国威胁论"思潮，舆论视角从贸易争端转向孔子学院的汉语国际传播，孔子学院多次被推上舆论的风口浪尖，面临"被政治化"的发展困境，孔子学院的办学也受到一定阻碍。因此，孔子学院需掌握世界舆情发展规律，及时获取各国政府和民众对孔子学院的态度和动向，从而做出合理分析与研判，科学规避发展风险。

二、正确审视不同利益相关者的需求

（一）尊重发展差距，提高创新能力

受到政治、经济、文化以及汉语国际传播发展环境等因素的影响，国际中文教育在不同国家和地区的发展状况存在着差别，有学者将汉语国际传播圈分为核心圈、边缘圈、外围圈和薄弱圈①，居于汉语国际传播不同圈层的国家和地区，孔子学院办学状况也有所不同。对象国政府、国家领导人等利益相关者是支持还是反对，各个孔子学院决策层领导以及直接管理者的理念、规划与措施是否科学合理，都会对孔子学院办学产生积极或消极的作用力，使不同国家或地区的孔子学院在发展规模、发展层次、发展功能、发展水平等方面呈现不平衡的状态。

各个孔子学院的发展差异为孔子学院内部分支机构间的互学互鉴提供了可能。近年来，通过建立区域孔子学院管理中心，在志愿者较为集中的地区派遣志愿者管理人员，举办区域性孔子学院联席会议等措施，加强了各孔子学院间的交流与互动，促进了区域内各孔子学院的协调有序发展。同时，鼓励各个孔子学院研发适合本国、本地区的中文教材，积极培养、培训本土汉语教师，针对当地需要开设各类汉语课程等。同时，其他语言传播机构内部的互学互鉴，亦有可借鉴之处，如找准当地比较优势，积极发挥分支机构自主创新能力，以语言文化深度交融的大格局观，激发当地语言资源开发与文化创新合作新动能，等等。

（二）重视价值导向，增强传播动力

孔子学院办学需树立明确的价值导向，基于语言传播价值的二重性，分阶段、分层次进行语言教育市场价值需求分析，把握需求新变化，满足不同利益相关者的差异化需求。世宗学堂面向中国学习者开发旅游韩语课程，日本国际交流基金会研发的面向东南亚国家的医护日语教学资源和课程等均是以当地市场调研为基础。因此，孔子学院可开展针对当地语言教育市场的需求分析，挖掘市场中潜在的隐性价值需求。此外，孔子学院除提高汉语的工具性价值外，还应逐步提高国际社会中汉语作为资源价值的需求，拓展汉语的信息承载能力，使学习者能够通过汉语更好地认识世界、了解世界。

---

①吴应辉. 汉语国际传播理论与方法研究［M］. 北京：中央民族大学出版社，2013：84.

三、科学评估发展现状与发展前景

（一）加强管理队伍建设，提升孔子学院运营能力

其他多家语言传播机构的管理者与教师之间的比例迥异。其中，英国文化协会管理人员占全体员工比例高达 70％，法语联盟管理人员也占全体员工的 34％，而孔子学院管理人员仅占 10％。管理人员和教师在语言传播机构中所占比例反映出不同的管理理念和模式。英国、美国、加拿大、澳大利亚、新西兰等英语国家的实力强大，已无必要再推动英语的对外传播，对外英语教学已逐渐为相关英语教育相关产业，如英语教材出版、雅思、托福考试等企业所取代。因此，英国文化协会主要着力于促进与所在国家有关机构之间的合作，以推动开展文化交流活动为主，直接开展的语言教学相对较少。法语联盟经过长期的发展，也探索出了一条建立稳定的管理人员队伍，聘用大量当地本土教师承担语言教学任务的发展之路。

孔子学院管理人员所占比例的多少是一个值得深入研究的问题，虽然不能盲目照搬其他语言传播机构，但也不能无视其他语言传播机构的做法。一支稳定、规模适中、经验丰富的职业化管理队伍对孔子学院的长期可持续发展十分重要。管理人员（主要是中方管理人员）比例太低，且任期太短，工作交接频繁，轻则可能导致前后两任管理者之间工作脱节，重则可能引起管理质量波动，从而影响孔子学院的长期稳定发展。目前，各孔子学院的管理人员与汉语教师之比为1:9，且绝大多数教师均从中国派出，一定程度上增加了派出成本，如能建立一支高度专业化且较为稳定的管理团队，不断加强包括质量监控体系在内的制度和规范体系建设，则可适当降低专职教师比例，提高临时聘用当地华人华侨或本土教师比例，并随着教学旺季与淡季的转换，适时调整临时聘用教师数量，以大幅降低汉语教师的派出成本。

（二）后疫情时代孔子学院发展宜借势而为，稳中求进

孔子学院自建院以来，为推动全球汉语教学发挥了重要的引领和

示范作用，在推动汉语走向世界方面发挥了重要作用，但也给自己加载了许多不必要承担的汉语国际教育重任，导致长期处于超负荷运转状态。我们注意到孔子学院外派教师（含志愿者）、办学机构数量均居各主要语言传播机构首位，办学支出也位列第二，这些数据的背后是孔子学院所付出的巨大努力。然而，随着世界范围汉语学习需求的快速增长，供需矛盾将日益突出，孔子学院可接纳学习者人数的有限性与世界汉语学习需求的加速增长之间的矛盾日益突出，孔子学院将很难满足快速增长的汉语学习需求。

在新的历史机遇面前，一方面孔子学院宜量力而行，有所为有所不为，多做一些能够充分发挥母语国优势，学术含量较高，各国难以做到的引领性、基础性、标准化、高层次人才培养支持等工作；另一方面，应充分依靠各国力量发展本国中文教育，变主导为指导，变主攻为助攻，积极推动、构建更加开放、包容、规范的现代国际中文教育体系。

（三）高度重视利用 5G 与人工智能技术助力孔子学院发展

世界主要语言传播机构日益关注新兴技术在语言国际传播中的应用。英国文化协会在线英语教学历史悠久，各类语言课程大多通过在线教学平台进行。世宗学堂充分利用韩国信息技术高度发达的优势，着力发展网络韩语教学，学习人数大幅增长的案例值得孔子学院借鉴。中国通信技术已达国际一流水平，孔子学院也应充分利用这一优势，尽早打造网络化、数字化全球汉语教学平台，充分利用最新技术，实现人工智能与新兴通信技术之间的融合应用，打造智慧课堂，提质增效。

参考文献

［1］曹德明．国外语言文化推广机构研究［M］．北京：时事出版社，2016：529－530．

［2］吴应辉．汉语国际传播研究理论与方法［M］．北京：中央民族大学出版社，2013：24－84．

［3］李宇明．中国语言规划三论［M］．北京：商务印书馆，2015：17－30．

［4］柴如瑾．适应国际中文教育事业发展：教育部设立中外语言交流合作中心［N/OL］．光明日报，2020－07－06（8）．

［5］郭晶，吴应辉．孔子学院发展量化研究（2015—2017）［J］．云南师范大学学报（哲学社会科学版），2018，50（5）：36－44．

［6］李宝贵．新时代孔子学院转型发展路径探析［J］．云南师范大学学报（哲学社会科学版），2018，50（5）：27－35．

［7］李宝贵，刘家宁．新时代国际中文教育的转型向度、现实挑战及因应对策［J］．世界汉语教学，2021，35（1）1：3－13．

［8］李宝贵，庄瑶瑶．汉语纳入海外各国国民教育体系之方略探索［J］．现代传播（中国传媒大学学报），2020，42（1）：84－88．

［9］李东伟．大力培养本土汉语教师是解决世界各国汉语师资短缺问题的重要战略［J］．民族教育研究，2014，25（5）：53－58．

［10］李泉．汉语教材的"国别化"问题探讨［J］．世界汉语教学，2015，29（4）：526－540．

［11］李泉，宫雪．通用型、区域型、语别型、国别型——谈国

际汉语教材的多元化［J］. 汉语学习，2015（1）：76 - 84.

　　［12］李宇明. 探索语言传播规律——序"世界汉语教育丛书"［J］. 云南师范大学学报（对外汉语教学与研究版），2007，5（4）：1 - 3.

　　［13］李宇明. 海外汉语学习者低龄化的思考［J］. 世界汉语教学，2018，32（3）：291 - 301.

　　［14］李宇明，施春宏. 汉语国际教育"当地化"的若干思考［J］. 中国语文，2017（2）：245 - 256.

　　［15］梁宇. 需求增长背景下的国际中文教育资源建设［N/OL］. 中国社会科学报，2020 - 04 - 21（3）.

　　［16］刘晶晶，关英明. 孔子学院与欧洲主要语言传播机构布局方略的比较研究［G］. 辽宁高等教育改革开放 40 年征文汇编，2018：246 - 255.

　　［17］刘晶晶，关英明. 海外孔子学院的教材选择与编写［J］. 沈阳师范大学学报（社会科学版），2012，36（1）：142 - 143.

　　［18］刘晶晶，吴应辉. 孔子学院与其他国际语言传播机构办学状况比较研究（2015—2017 年）［J］. 民族教育研究，2020，31（6）：126 - 134.

　　［19］莫嘉琳. 孔子学院与世界主要语言文化推广机构的比较研究［J］. 云南师范大学学报（对外汉语教学与研究版），2009，7（5）：21 - 27.

　　［20］王帆，王红梅. 文化的力量：德国歌德学院的历史和启示［J］. 比较教育研究，2006（11）：23 - 27.

　　［21］王克非，蔡永良，王美娜. 英国文化委员会与英语的国际传播［J］. 外语教学，2017，38（6）：1 - 6.

　　［22］王祖嫘. 打造中国文化走出去的名片——论孔子学院的可持续发展规划［J］. 学习与探索，2013（4）：143 - 145.

　　［23］吴应辉. 孔子学院经营模式类型与可持续发展［J］. 中国高教研究，2010（2）：30 - 32.

　　［24］吴应辉. 国家硬实力是语言国际传播的决定性因素——联合国五种工作语言的国际化历程对汉语国际传播的启示［J］. 汉语国

际传播研究，2011（1）：1-14.

［25］吴应辉. 孔子学院评估指标体系研究［J］. 教育研究，2011，32（8）：30-92.

［26］吴应辉. 关于国际汉语教学"本土化"与"普适性"教材的理论探讨［J］. 语言文字应用，2013（3）：117-125.

［27］吴应辉. 让汉语成为一门全球性语言——全球性语言特征探讨与汉语国际传播的远景目标［J］. 汉语国际传播研究，2014（2）：1-12.

［28］吴应辉. 汉语国际传播事业新常态特征及发展思考［J］. 语言文字应用，2015（4）：27-34.

［29］吴应辉. 国际汉语师资需求的动态发展与国别差异［J］. 教育研究，2016，37（11）：144-149.

［30］吴应辉. 国际汉语师资培养"六多六少"问题与解决方案［J］. 语言战略研究，2018，3（6）：62-63.

［31］徐丽华. 孔子学院的发展现状、问题及趋势［J］. 浙江师范大学学报（社会科学版），2008，33（5）：25-31.

［32］许琳. 汉语国际推广的形势和任务［J］. 世界汉语教学，2007（2）：106-110.

［33］张健. 文化"走出去"视域下的汉语教材出版［J］. 出版参考，2017（10）：5-10.

［34］张新生，李明芳. 汉语国际教育的终极目标与本土化［J］. 语言战略研究，2018，3（6）：25-31.

［35］赵金铭. 何为国际汉语教育"国际化""本土化"［J］. 云南师范大学学报（对外汉语教学与研究版），2014，12（2）：24-31.

［36］赵世举. 全球竞争中的国家语言能力［J］. 中国社会科学，2015（3）：105-118.

［37］郑定欧. 汉语国际推广三题［J］. 汉语学习，2008（3）：90-97.

［38］陈宏辉. 企业的利益相关者理论与实证研究［D］. 杭州：浙江大学，2003：36-68.